北京市废胎胶粉沥青及混合料设计施工技术指南

Guidelines for Design and Construction of Asphalt Rubber and Mixtures in Beijing

京路科安发[2006]912号

北京市路政局　等主编

人民交通出版社

图书在版编目（CIP）数据

北京市废胎胶粉沥青及混合料设计施工技术指南/北京市路政局等编 .—北京：人民交通出版社，2007.11

ISBN 978-7-114-06917-8

Ⅰ. 北… Ⅱ. 北… Ⅲ. ①沥青拌和料－设计－指南②沥青拌和料－沥青路面－工程施工－指南 Ⅳ. U414.7－62 U416.217－62

中国版本图书馆 CIP 数据核字（2007）第 178558 号

书　　名：**北京市废胎胶粉沥青及混合料设计施工技术指南**
著 作 者：北京市路政局　等
责任编辑：贾秀珍
出版发行：人民交通出版社
地　　址：（100011）北京市朝阳区安定门外外馆斜街 3 号
网　　址：http：//www.ccpress.com.cn
销售电话：（010）85285838，85285995
总 经 销：北京中交盛世书刊有限公司
经　　销：各地新华书店
印　　刷：北京交通印务实业公司
开　　本：880×1230　1/16
印　　张：5.25
字　　数：104 千
版　　次：2007 年 12 月　第 1 版
印　　次：2007 年 12 月　第 1 次印刷
书　　号：ISBN 978-7-114-06917-8
印　　数：0001—2000 册
定　　价：20.00 元

关于发布《北京市废胎胶粉沥青及混合料设计施工技术指南》(试行)的通知

京路科安发〔2006〕912号

各有关单位：

为贯彻落实“发展循环经济和建设资源节约型社会”的要求，现发布《北京市废胎胶粉沥青及混合料设计施工技术指南》(试行)(以下简称《指南》)，自发布之日起执行。

本《指南》由北京市路政局负责解释，请各有关单位在实践中注意积累资料，总结经验，及时将发现的问题和修改意见函告我局，以便进一步修改和完善。

特此通知。

北京市路政局

二〇〇六年十二月十五日

前　言

橡胶沥青是一种新型的路面材料。使用橡胶沥青的路面具有减薄路面、延长路面使用寿命、延缓反射裂缝、减轻行车噪声、优良的冬季柔性等优点。北京的汽车保有量约占全国的1/10,每年将会产生大量的废旧轮胎,即将面临着国外发达国家早已遇到的大量废旧轮胎的处理问题。将废胎胶粉用于道路建设能够改善路面使用性能,减轻废旧轮胎带来的环境污染压力,适当降低道路建设资金,符合建设资源节约型、环境友好型和谐社会和发展循环经济的政策,符合北京市2008年绿色奥运的主体,是将北京市道路建设成“绿色道路、科技道路、人文道路”的举措之一。2004年北京市交通委员会立项开展了“废胎胶粉改性沥青的应用研究”课题,在北京市铺筑了试验路,取得了成功的应用经验。为了推动橡胶沥青的应用,现编制《北京市废胎胶粉沥青及混合料设计施工技术指南》(以下简称《指南》),供国内道路设计和施工单位使用时参考。

本指南主要内容包括:橡胶粉、沥青和橡胶沥青的材料要求;橡胶沥青混合料的配合比设计方法;橡胶沥青混合料和橡胶沥青防水黏结层的施工工艺技术要求;橡胶沥青混凝土的施工质量管理和验收等。

本指南参考国外相关的路用橡胶粉、橡胶沥青的技术标准、规范和我国的有关路面材料国标及橡胶工业的相关标准制定。在橡胶粉、橡胶沥青的技术标准和橡胶沥青混合料的配合比设计、橡胶沥青用量等方面充分考虑我国的道路使用特点,在大量试验路的使用经验和研究资料汇总的基础上所编制,可供有关单位使用。在使用过程中,未尽事宜可参照我国的公路、城市道路和化工部门颁布的现行有关技术规范或标准执行。

废轮胎橡胶粉沥青在我国的应用还在初步阶段,有许多问题需要研究。因此竭诚希望读者在使用本指南时,注意总结经验,并及时与我们联系,以便不断改进该项技术。

主编单位:北京市路政局、交通部公路科学研究院、北京路桥路兴物资中心、北京泛洋伟业科技有限公司

主要起草人:孙中阁、孙荣山、张丽宾、王旭东、柳浩、李美江

主要起草人联系方式:xd.wang@rioh.cn; zhanglibin@bjlzj.gov.cn

作　者

2007年10月

目　　录

1　总则 …… 1

2　术语、代号 …… 2

　2.1　术语 …… 2

　2.2　符号及代号 …… 3

3　材料 …… 4

　3.1　橡胶粉 …… 4

　3.2　橡胶沥青 …… 5

　3.3　粗集料 …… 6

　3.4　细集料 …… 7

　3.5　填料 …… 8

　3.6　混合料级配 …… 8

4　配合比设计 …… 10

　4.1　设计原则 …… 10

　4.2　设计标准 …… 10

　4.3　理论配合比设计 …… 12

　4.4　目标配合比设计 …… 13

　4.5　生产配合比设计 …… 14

　4.6　试拌及试验路验证 …… 15

5　施工工艺技术要求 …… 17

　5.1　橡胶粉的存储 …… 17

　5.2　橡胶沥青的加工与存储 …… 17

　5.3　橡胶沥青防水黏结层的铺筑 …… 18

　5.4　橡胶(粉)沥青混合料的拌和 …… 20

　5.5　橡胶(粉)沥青混合料的运输 …… 22

　5.6　橡胶(粉)沥青混合料的摊铺 …… 22

　5.7　橡胶(粉)沥青混合料的压实 …… 24

　5.8　橡胶(粉)沥青混凝土路面施工接缝的处理 …… 26

　5.9　开放交通及其他 …… 26

6　施工质量管理和验收 …… 27

　6.1　一般规定 …… 27

6.2 施工质量控制管理 …… 27
6.3 橡胶(粉)沥青混凝土验收标准 …… 28
附录 A 橡胶粉有关试验方法 …… 29
A.1 外观检验 …… 29
A.2 倾注密度和视密度试验方法 …… 29
A.3 筛余物的测定 …… 30
A.4 水分的测定 …… 31
A.5 灰分的测定 …… 31
A.6 金属含量的测定 …… 32
A.7 纤维的测定 …… 33
A.8 橡胶烃含量、炭黑含量的测定 …… 33
A.9 丙酮抽提物的测定(GB/T 3516—94) …… 39
附录 B 橡胶沥青黏度的检测方法 …… 41
B.1 Brookfield 黏度计黏度测定方法 …… 41
B.2 便携式黏度计黏度测定方法 …… 44
附 《北京市废胎胶粉沥青及混合料设计施工技术指南》条文说明 …… 47
1 总则 …… 49
2 术语、代号 …… 51
3 材料 …… 52
4 配合比设计 …… 68
5 施工工艺技术要求 …… 72
6 施工质量管理和验收 …… 76

1 总则

1.0.1 为指导废胎胶粉在道路工程中的应用,根据北京地区的气候、交通环境和材料特点,特制定《北京市废胎胶粉沥青及混合料设计施工技术指南》(以下简称《指南》)。

1.0.2 废胎胶粉在沥青及沥青混合料中的应用,是减少废轮胎污染和资源再生利用的有效途径之一,同时有利于改善沥青路面的使用性能、降低建设成本。

1.0.3 橡胶(粉)沥青混合料适用于各种等级的道路路面,以及新建和改建工程,尤其对降低城市道路的行车噪声有明显效果。

1.0.4 橡胶粉用于沥青混合料有利于改善沥青混凝土的高温稳定性、抗疲劳性能、水稳定性和低温性能等路用性能。橡胶粉与沥青加工成的橡胶沥青是一种性能优良的结构防水、黏结材料。

1.0.5 橡胶(粉)沥青混合料适用于沥青路面的各结构层位,根据混合料的性能特点,表面层推荐使用湿拌法的橡胶沥青混合料;中下面层推荐使用干拌法的橡胶沥青混合料。

1.0.6 橡胶沥青防水黏结层作为防水、黏结的功能层可用在沥青路面结构层中。为了改善路面结构的防水、黏结效果,在表面层下面、半刚性基层顶面及桥面铺装中应设置橡胶沥青防水黏结层。为了减少旧路的反射裂缝,在旧路加铺的旧路表面设置橡胶沥青防水黏结层(也叫应力吸收层)是必要的。

1.0.7 本指南制定的内容,一方面针对橡胶沥青的特点,同时尊重现行沥青路面施工技术规范的要求。未尽事宜可参照现行有关沥青路面施工技术规范。

2 术语、代号

2.1 术语

2.1.1 废胎胶粉

来自于汽车废轮胎，经过粉碎得到，具有一定细度规格的橡胶粉，又简称橡胶粉。

2.1.2 路用橡胶粉

指满足道路用技术指标的橡胶粉。

2.1.3 子午胎胶粉

来自于子午线轮胎的废胎胶粉。

2.1.4 斜交胎胶粉

来自于斜交轮胎的废胎胶粉。

2.1.5 目数

橡胶粉颗粒粗细标准。目数越大，表示颗粒越细；反之，则越粗。

2.1.6 橡胶沥青

指橡胶粉与沥青(有的掺加一定比例的添加剂)按一定比例拌和而得到的产物，其中橡胶粉的掺量不小于15%(内掺)或17.6%(外掺)，又称沥青橡胶。

2.1.7 橡胶改性沥青

指橡胶粉、沥青和其他某种聚合物改性剂共同拌和得到的产物。

2.1.8 橡胶沥青混合料

采用橡胶粉湿拌法工艺生产的沥青混合料，当摊铺碾压成型后，又称为橡胶沥青混凝土。

2.1.9 橡胶粉沥青混合料

采用橡胶粉干拌法工艺生产的沥青混合料，当摊铺碾压成型后，又称为橡胶粉沥青混凝土。

2.1.10 橡胶(粉)沥青混合料

橡胶粉沥青混合料和橡胶沥青混合料的总称。

2.1.11 干拌工艺

将橡胶粉与沥青、矿料一起投放到拌和楼里拌和,生产橡胶粉沥青混合料的生产方法。

2.1.12 湿拌工艺

首先将橡胶粉和沥青拌和,形成橡胶沥青后再与矿料拌和生产橡胶沥青混合料的生产方法。

2.2 符号及代号

本指南有关材料的符号、代号及意义见表2.2。

表2.2 有关材料的符号及代号

编　　号	符号或代号	意　　义
1	CRM	废胎胶粉或称橡胶粉
2	AR	橡胶沥青
3	ARAC	橡胶(粉)沥青混凝土
4	ARAC(W)	橡胶沥青混凝土(湿拌工艺)
5	ARAC(D)	橡胶粉沥青混凝土(干拌工艺)

3 材料

3.1 橡胶粉

3.1.1 橡胶粉的种类和规格

(1)根据轮胎的来源分为:子午胎胶粉和斜交胎胶粉。

(2)根据粉碎工艺分为:液氮低温冷冻法胶粉和常温法胶粉。

(3)根据我国的橡胶粉生产情况,按细度分为3种规格:

①粗胶粉,40目以下(0.425mm以上);

②细胶粉,40~80目之间(0.425~0.180mm之间);

③微细胶粉,80~200目之间(0.180~0.075mm之间)。

3.1.2 橡胶粉的选择

(1)橡胶粉宜选用常温研磨粉碎的斜交胎橡胶粉。

(2)在保证易于碾压成型,同时满足使用性能要求的前提下,可尽量选用较粗的橡胶粉。

(3)无论是干拌法施工还是湿拌法施工,路用橡胶粉宜在40~80目以内。

3.1.3 橡胶粉的物理指标

路用橡胶粉的物理技术指标见表3.1.3,相应指标的检测方法,参见本指南附录A。

表3.1.3 路用橡胶粉的物理技术指标

项 目	相对密度	水 分	金属含量	纤维含量
单位	—	%	%	%
技术标准	1.10~1.30	<1	<0.01	<1

3.1.4 橡胶粉的化学指标

橡胶粉的化学技术指标见表3.1.4。在使用过程中,应由具有相关资质的专业单位进行检测,并出具相应的检测报告,作为橡胶粉化学指标的评定依据。

表3.1.4 路用橡胶粉的化学技术指标

检测项目	灰分≤%	天然橡胶含量≥%	丙酮抽出物≤%	炭黑含量≥%	橡胶烃含量≥%
技术标准	8	30	22	28	42
试验方法	GB 4498	—	GB/T 3516	GB/T 14837	GB/T 14837

3.2 橡胶沥青

3.2.1 橡胶沥青的使用

橡胶沥青可用于沥青混凝土、应力吸收中间层、防水层或其他的路面结构功能层。

3.2.2 加工橡胶沥青的基质沥青

加工橡胶沥青的基质沥青可选用重交通沥青 70 号和 90 号(A/B 型)。

3.2.3 橡胶沥青的加工

橡胶沥青的生产宜采用现场加工的方式。

3.2.4 橡胶粉的掺量

橡胶沥青中橡胶粉的掺量可根据实际使用的技术要求确定。一般来说,橡胶粉的掺量越高,相应的路用性能越好,但同时橡胶沥青的黏度增大,施工的和易性降低,因此橡胶粉的掺量有一定的合理范围,一般为沥青质量的 20%～30%(外掺)。

3.2.5 橡胶沥青的技术指标

针对北京地区的气候和交通环境,橡胶沥青的有关技术指标见表 3.2.5。

表 3.2.5 橡胶沥青技术标准①

项目	指标	项目		指标
180℃旋转黏度(Pa·s)②	1.0～4.0	5℃延度(cm)		>10
25℃针入度(0.1mm)③	40～80	薄膜烘箱老化后	质量损失(%)	<0.4
软化点(℃)④	>47		25℃针入度比(%)	>80
弹性恢复(%)	>55		5℃延度比(%)	>40

注:①本技术指标只适用于橡胶沥青,不用于评价橡胶改性沥青。

②旋转黏度按照 50%扭矩内插获得。

③当采用 90 号基质沥青时,橡胶沥青的针入度为 60～80;当采用 70 号基质沥青时,橡胶沥青的针入度为 40～60。

④当采用 90 号基质沥青时,橡胶沥青的软化点要求大于 47℃;当采用 70 号基质沥青时,橡胶沥青的软化点要求大于 56℃。

3.2.6 外掺剂

为进一步改善橡胶沥青的某些技术性能,在加工过程中可掺加一定比例的含天然胶量较高的橡胶类材料,或某些轻质油分。

外掺剂一般可与橡胶粉一起掺加到沥青中拌和、加工。

3.3 粗集料

3.3.1 粗集料规格

粗集料指粒径不小于4.75mm的碎石。可采用碎石、破碎砾石、筛选砾石、钢渣、矿渣等。一般沥青混凝土选用的碎石均可用于橡胶(粉)沥青混凝土。

3.3.2 粗集料的技术指标

(1)用于橡胶(粉)沥青混合料的粗集料应满足现行规范中粗集料的技术指标要求,见表3.3.2。当用于表面层的细粒式混合料时(即10型和13型),混合料中的碎石主要是小于9.5mm的碎石,因此,其针片状指标要求为:对于高等级道路(包括城市道路的主干道、快速路和公路的高等级道路,下同)不大于15%。

表3.3.2 沥青混合料用粗集料技术指标要求

指 标	单位	高等级道路		其他等级道路	试验方法
		表面层	其他层次		
石料压碎值,不大于	%	26	28	30	T 0316
洛杉矶磨耗损失,不大于	%	28	30	35	T 0317
表观相对密度,不小于	—	2.60	2.50	2.45	T 0304
吸水率,不大于	%	2.0	3.0	3.0	T 0304
坚固性,不大于	%	12	12	—	T 0314
针片状颗粒含量(混合料),不大于 其中粒径大于9.5mm,不大于 其中粒径小于9.5mm,不大于	%	15 12 18	18 15 20	20 — —	T 0312
水洗法<0.075 mm颗粒含量,不大于	%	1	1	1	T 0310
软石含量,不大于	%	3	5	5	T 0320

(2)粗集料黏附性均要求不小于5级,磨光值不小于40。

(3)粗集料的破碎面同规范中的技术要求。

(4)当粗集料的粉尘含量大于0.5%,用于表面层时,粗集料宜进行水洗。

3.3.3 粗集料的级配要求

(1)根据北京地区常用沥青混合料的级配类型和石料加工情况,橡胶(粉)沥青混合料粗集料的规格见表3.3.3。

(2)当使用10型混合料时,为了有效控制级配,在粒径4.75~9.5mm之间宜增设7.2mm的控制筛孔。即表3.3.3中S12级配中4.75~9.5mm石料中7.2~9.5mm与4.75

~7.2mm 的比例在 1:1~2:1之间。

表 3.3.3 橡胶(粉)沥青混合料用粗集料规格

规格名称	公称粒径(mm)	通过下列筛孔(mm)的质量百分率(%)							
		37.5	31.5	26.5	19.0	13.2	9.5	4.75	2.36
S6	15~30	100	90~100	—	—	0~15	—	0~5	—
S7	10~30	100	90~100	—	—	—	0~15	0~5	—
S9	10~20			100	90~100	—	0~15	0~5	—
S10	10~15				100	90~100	0~15	0~5	—
S12	5~10					100	90~100	0~15	0~5

3.4 细集料

3.4.1 细集料的规格

(1)细集料包括天然砂、机制砂和石屑 3 种主要类型。

(2)天然砂分为细、中、粗 3 种类型,宜满足现行施工规范的有关要求。当用于重载交通道路或表面层时,为了提高混合料的高温稳定性,一般不宜掺加天然砂。如为了调整级配确需掺加时,掺加量不宜大于矿料总量的 8%。

(3)细集料指粒径小于 5mm 的矿料,分为 3~5mm 和小于 3mm 两种。机制砂为 0~3mm,石屑可分为 0~5mm 或 0~3mm。对于中粒式、细粒式混合料,即 20 型、16 型、13 型、10 型混合料,细集料宜分为 0~3mm 和 3~5mm 两档。

3.4.2 细集料的技术指标要求

(1)细集料应洁净、干燥、无风化、无杂质,并具有适当的颗粒级配。

(2)细集料的技术要求宜按照现行施工规范的技术要求,见表 3.4.2。

表 3.4.2 沥青混合料用细集料技术指标要求

项 目	单位	高等级道路	其他等级道路	试验方法
表观相对密度,不小于	—	2.50	2.45	T 0328
坚固性(>0.3mm 部分),不小于	%	12	—	T 0340
含泥量(<0.075mm 的含量),不大于	%	3	5	T 0333
砂当量,不小于	%	60	50	T 0334
亚甲蓝值,不大于	g/kg	25	—	T 0346
棱角性(流动时间),不小于	s	30	—	T 0345

3.4.3 细集料的级配要求

细集料的级配要求见表 3.4.3。

表 3.4.3 细集料的级配要求

规格	粒径(mm)	水洗法通过各筛孔(mm)的质量百分率(%)							
		9.5	4.75	2.36	1.18	0.6	0.3	0.15	0.075
S14	3~5	100	90~100	0~15	—	0~3	—	—	—
S15	0~5	100	90~100	60~90	40~75	20~55	7~40	2~20	0~10
S16	0~3	—	100	80~100	50~80	25~60	8~45	0~25	0~10

注:对 S16 的 0.075mm 的范围比现行规范的要求略有减小。

在表面层使用时,为了改善混合料的水稳定性,结合北京情况,3mm 以下细集料宜采用石灰岩石料。

3.5 填料

3.5.1 填料的种类

沥青混合料的矿粉,应采用石灰岩或岩浆岩中的强基性岩石等憎水性石料经磨细得到的矿粉,原石料中的泥土杂质应除净。

3.5.2 填料的技术要求

执行现行沥青路面施工技术规范。

3.5.3 关于水泥、消石灰的使用

当混合料集料为玄武岩等中性或酸性石料时,为了改善混合料的水稳定性,可采用水泥或消石灰代替矿粉。消石灰的掺量为矿料总质量的 1%~2%,水泥可全部替代矿粉。

3.6 混合料级配

3.6.1 橡胶(粉)沥青混凝土,无论是干拌法施工工艺还是湿拌法施工工艺均应采用间断型级配。

3.6.2 橡胶(粉)沥青混凝土可采用密实型级配,也可采用开级配。

3.6.3 级配构成原理。

橡胶(粉)沥青混合料的级配根据设计空隙率的水平和矿料的密度,按照骨架嵌挤原理形成。

3.6.4 适用于干拌工艺的混合料级配及控制范围。

干拌工艺生产的混合料,即橡胶粉沥青混合料(ARAC(D)),可用于沥青面层的上、中、下 3 层,宜选用密实型级配。按公称最大粒径分为:10 型、13 型、16 型、20 型、25 型、30

型等。表3.6.4为相应的橡胶粉沥青混凝土(ARAC(D))的参考级配曲线。

这些级配的控制点为4.75mm和0.075mm。4.75mm通过率的允许误差为±2%(绝对值),0.075mm通过率的允许误差为±1%(绝对值)。

表3.6.4 干拌法橡胶粉沥青混凝土(ARAC(D))的参考级配曲线(通过率%)

级配类型	通过下列筛孔(mm)的质量百分率(%)												
	31.5	26.5	19	16	13.2	9.5	4.75	2.36	1.18	0.6	0.3	0.15	0.075
30型	95.0	85.5	69.8	62.9	55.9	45.8	30.0	22.2	16.4	12.3	9.1	6.7	5.0
25型	100	95.0	76.0	67.7	59.5	47.8	30.0	22.2	16.4	12.3	9.1	6.7	5.0
20型		100	95.0	82.4	70.2	53.4	30.0	22.9	17.5	13.4	10.3	7.9	6.0
16型			100	95	81	62	35	26	19	15	11	8	6
13型				100	95	69	35	27	20	16	12	9	7
10型					100	95	35	27	21	17	13	10	8

3.6.5 适用于湿拌工艺的混合料级配及控制范围。

湿拌工艺生产的混合料,即橡胶沥青混合料(ARAC(W)),宜用在沥青面层的表面层,按公称最大粒径分为:10型、13型、16型等。可采用密实型级配(表3.6.5-1),也可采用开级配(表3.6.5-2)。

这些级配的控制点为4.75mm和0.075mm。4.75mm通过率的允许误差为±2%(绝对值);0.075mm通过率的允许误差为±1%(绝对值),对于开级配混合料的允许误差为±0.5%(绝对值)。

表3.6.5-1 湿拌法橡胶沥青混凝土(ARAC(W))密级配的参考级配曲线(通过率%)

级配类型	通过下列筛孔(mm)的质量百分率(%)										
	19	16	13.2	9.5	4.75	2.36	1.18	0.6	0.3	0.15	0.075
16型	100	95.0	79.1	57.9	30.0	22.9	17.5	13.4	10.3	7.9	6.0
13型		100	95.0	65.6	30.0	23.5	18.4	14.5	11.4	8.9	7.0
10型			100	95.0	30.0	24.0	19.2	15.5	12.4	10.0	8.0

表3.6.5-2 湿拌法橡胶沥青混凝土(ARAC(W))开级配的参考级配曲线(通过率%)

级配类型	通过下列筛孔(mm)的质量百分率(%)										
	19	16	13.2	9.5	4.75	2.36	1.18	0.6	0.3	0.15	0.075
16型	100	95	74	49	20	14	9	6	4	3	2
13型		100	95	58	20	15	11	8	6	4	3
10型			100	95	20	15	11	8	6	4	3

4 配合比设计

4.1 设计原则

4.1.1 橡胶(粉)沥青混合料配合比设计,应遵循现行规范关于沥青混合料的理论配合比设计、目标配合比设计、生产配合比以及混合料的试生产和试验路段铺设等4个阶段。

4.1.2 体积法设计。按照混合料设计空隙率的要求,由试件实际空隙率水平确定相应的油石比。

4.1.3 混合料配合比设计应根据石料情况,以间断级配、骨架结构为原则,优化混合料的实际级配,并进行相关的性能验证。

4.2 设计标准

4.2.1 混合料设计方法

宜采用马歇尔击实试验方法,在有条件的地区也可使用旋转压实的试验方法。

4.2.2 混合料技术指标

混合料马歇尔击实试验的技术指标要求见表4.2.2-1。

表4.2.2-1 橡胶(粉)沥青混合料马歇尔试验技术指标

指　　标	密实型混合料	开级配型混合料
马歇尔击实次数(次)	75	75
稳定度(流值为3mm)	>8kN	>5kN
矿料间隙率(%)	>16	—
设计空隙率(%)	3~5	18~24
饱和度(%)	70~85	—

(1)击实次数:橡胶沥青混合料无论作为表面层还是用于中、下面层,无论是密实型混合料,还是开级配混合料,均采用双面击实各75次。对于重载交通路段,用于表面层的密实型混合料的击实次数可提高到100次。

(2)稳定度和流值:大量的试验表明,断级配混合料的流值比较大,例如:SMA混合料。这是由于断级配本身的特性造成的,流值大并不意味着混合料的抗变形能力弱;相反,车辙试验表明这种混合料的高温稳定性良好。这对于橡胶(粉)沥青混合料同样如此。本指标要求在流值为3mm时的稳定度满足要求。

(3)设计空隙率:对于密实型混合料,当用于中、下面层时,设计空隙率为3%;当用于表面层混合料时,中粒式混合料的设计空隙率为4%,细粒式混合料的设计空隙率为5%。对于开级配混合料,用于表面层混合料设计空隙率为18%~20%,中、下面层为20%~24%。

(4)沥青混凝土的矿料间隙率(VMA)应符合表4.2.2-2的要求。

表4.2.2-2 橡胶(粉)沥青混凝土的矿料间隙率要求

集料公称最大粒径(mm)	31.5	26.5	19	16	13.2	9.5
VMA不小于(%)	12.5	13	14	14.5	15	16

(5)混合料试件的密度应采用蜡封法测定。

(6)混合料的最大理论密度宜采用真空法测定。当采用理论计算法时,应通过试验确定混合料毛体积密度与表观密度的比例关系。

(7)对于马歇尔试验宜采用设计空隙率确定混合料的最佳油石比,同时其他指标应满足设计要求。

4.2.3 混合料技术性能

(1)橡胶(粉)沥青混凝土高温性能要求根据交通等级进行分类,具体技术指标见表4.2.3。

表4.2.3 橡胶(粉)沥青混合料高温性能要求

交通量等级	层　位	上面层	中面层	下面层
轻	动稳定度(次/mm)	1 500	1 200	800
	相对变形(%)	15	15	20
中	动稳定度(次/mm)	2 000	1 500	1 000
	相对变形(%)	10	10	15
重	动稳定度(次/mm)	2 500	2 000	1 500
	相对变形(%)	5	10	10
超重	动稳定度(次/mm)	3 000	2 500	2 000
	相对变形(%)	3	5	10

(2)橡胶(粉)沥青混凝土的水稳定性指标要求为:残留稳定度不小于85%,冻融劈裂的强度比值不小于80%。

(3)橡胶(粉)沥青混凝土的低温弯曲试验的破坏应变不小于2 800με。

(4)橡胶(粉)沥青混凝土作为抗滑表层,构造深度不小于0.65mm,渗水系数不大于100mL/min。

(5)橡胶(粉)沥青混凝土的线膨胀量不大于1%。

4.2.4 配合比设计流程

橡胶(粉)沥青混合料的配合比设计分为4个部分,其流程见图4.2.4。

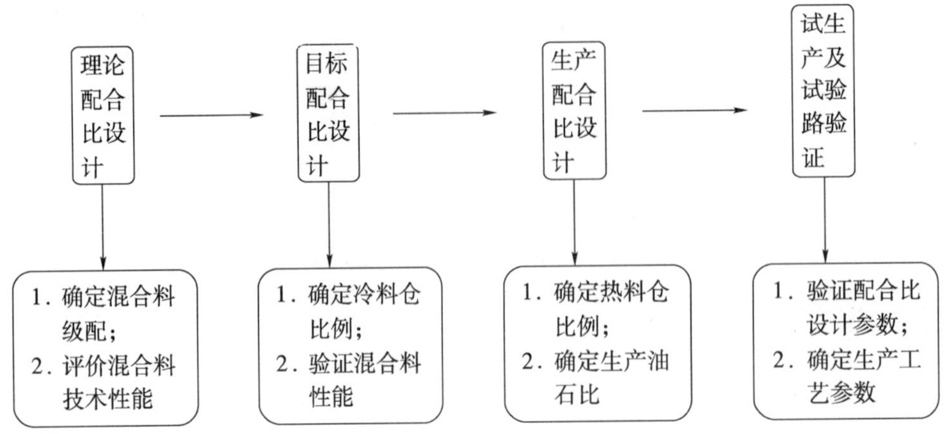

图4.2.4 配合比设计流程图

4.3 理论配合比设计

4.3.1 理论配合比设计的目的

根据当地工程特点和使用性能的要求,确定混合料的理论级配曲线和橡胶粉的掺量,并验证混合料的性能指标。

4.3.2 理论配合比的主要流程及内容

(1)根据使用条件的要求,确定采用干拌法生产工艺,还是湿拌法生产工艺,并初步确定橡胶粉的掺量。

(2)橡胶粉掺量一般不宜低于20%(外掺)。

(3)选择橡胶粉的种类。

(4)根据工程所使用的石料,进行石料性能检测,指标应满足本指南中的有关要求。

(5)将石料筛分成各档,分别测定石料的表观密度、毛体积密度及吸水率。细集料的毛体积密度测到0.3mm颗粒。

(6)根据石料密度,按照骨架结构原理,初定各档石料的比例及混合料的级配曲线(见附条文说明),也可参照本指南提出的级配曲线作为混合料设计的初步级配曲线。

(7)确定石料的生产级配的建议范围。

(8)按照确定的级配曲线掺配混合料,进行马歇尔击实试验。

(9)检验马歇尔试件的力学和体积指标,应满足本指南的有关要求。

(10)按照空隙率确定混合料的油石比。如混合料的空隙率达不到设计要求,应对原有级配进行调整,重新进行马歇尔试验,直到混合料空隙率满足技术要求。

(11)按照现场压实度水平进行混合料的技术性能验证。如混合料技术性能不能满足技术要求,需要重新进行理论配合比设计。重新设计时侧重于对橡胶沥青或橡胶粉的类型、掺量等进行分析。

4.3.3 理论配合比设计需注意的问题

(1)级配的选择。本指南提供的各种混合料的级配仅是推荐级配,在实际工程中,应根据石料的情况进行验证、调整,得到符合实际情况的级配曲线,但是指南中有关控制点和控制范围不变。

(2)橡胶沥青的密度。由于橡胶粉与沥青的作用机理比较复杂。相同类型、掺量的橡胶粉掺入不同标号的基质沥青后的密度并不相同;同时,橡胶沥青的密度并不能通过橡胶粉密度和沥青直接计算得到。因此,橡胶沥青密度应通过试验检测。

(3)干拌法工艺的橡胶粉密度。在干拌法橡胶粉沥青混合料的生产过程中,橡胶粉与沥青和矿料在高温时拌和,尽管时间较短,但沥青与橡胶粉仍会产生一些反应,导致橡胶粉密度的变化。因此,即使干拌法橡胶粉混合料,直接通过橡胶粉密度计算混合料的密度仍存在一些偏差。故宜采用真空法测定混合料的最大理论密度。

4.4 目标配合比设计

4.4.1 目标配合比设计的目的

根据理论级配确定混合料冷料仓的比例,进一步验证混合料的性能。应在拌和厂现场完成。

4.4.2 目标配合比的主要流程及内容

(1)对生产用石料和沥青进行性能检测。

(2)对石料进行筛分,根据理论配合比确定的级配曲线,确定各档石料的比例。

(3)级配宜控制在容许的范围内。

(4)如掺配的级配不能满足设计要求,需调整石料的生产。

(5)调整好级配后,进行马歇尔击实试验,确定混合料的油石比,并进行混合料的性能验证。

(6)选用 10 型级配时,不少于 3 档石料,4 个冷料仓。

(7)选用 13 ~ 16 型级配时,不少于 4 档石料,4 ~ 5 个冷料仓。

(8)选用 20 ~ 25 型级配时,不少于 5 档石料,5 ~ 6 个冷料仓。

4.4.3 目标配合比设计需注意的问题

目标配合比设计过程中如发现原材料的级配不能满足要求时,应及时通知碎石场,调整筛孔的孔径。北京地区生产的 5 ~ 10mm 规格的玄武岩石料大多是为了生产 SMA-13 混合料而确定的筛孔,通过试验发现,这些碎石偏细,不利于生产 10 型混合料,建议应将上层筛孔放大 2mm。同时,建议增设 8mm 筛孔,生产 5 ~ 7.5mm 的石料。

当对细集料混合料进行目标配合比设计时应充分利用冷料仓,使各个料仓的进料速度均衡。

4.5 生产配合比设计

4.5.1 生产配合比设计的目的

确定拌和楼热料仓的范围和比例,以及混合料的生产油石比。

4.5.2 生产配合比的主要流程及内容

(1)根据级配特性,确定混合料热料仓的范围,即热料仓的筛孔范围。生产过程中热料仓的使用不宜少于4个。

(2)进行热料仓筛分,确定热料仓比例。

(3)将拌和楼中的杂料清理干净,检查筛孔是否破损,如破损应及时修补。

(4)按照目标配合比确定的冷料仓比例上料,同时将石料加热到正常生产时所需的温度,并打开除尘口,正常除尘。此时,不喷沥青、不掺加填料。如采用干拌法工艺,不掺加橡胶粉。

(5)在进行生产配合比时,每盘料不宜少于1t。

(6)将头两盘料当作废料,弃掉。

(7)用铲车接取第3盘料,各个热料仓的石料分别堆放在干净的硬化地面上。

(8)将石料拌匀后用四分法取料,进行筛分。

(9)按理论配合比级配曲线掺配,初步确定热料仓的比例。

4.5.3 生产配合比设计需注意的问题

在生产配合比设计过程中应与拌和楼紧密配合,做到料仓供料均匀、平衡,避免大规模生产中发生等料、溢料的问题。

4.5.4 油石比的二次标定

为了准确测定混合料的油石比,生产过程中宜采用燃烧法检测油石比。

(1)油石比的第一次标定。在生产配合比设计阶段,需要采用如下步骤对燃烧炉进行标定。

①按理论级配及4种不同的油石比(其中一个为最佳油石比),拌制标准混合料,每份混合料质量为1 000~1 500g。

②每个油石比不少于2个平行试验样本。

③用燃烧法分别测定混合料的油石比。

④绘制理论设定油石比与燃烧法测定的油石比的关系曲线,作为生产过程中油石比检测的修正曲线。

⑤当混合料的级配改变或橡胶粉的掺量改变时,需重新进行油石比的标定。

(2)油石比的第二次标定。在对燃烧炉标定的基础上,对拌和楼的喷油精度进行标定。拌和楼在正常生产状态下，按照生产配合比确定的混合料级配，分别按照最佳油石比、最佳油石比+0.3%、最佳油石比-0.3% 3个不同的油石比喷油，分别生产不少于1t的混合料，每个油石比的混合料分别取两份进行燃烧法测定油石比，取两者的平均值，并经过修正，作为该设定油石比下拌和楼的实际油石比。设定油石比与实际油石比的差即为拌和楼的喷油误差。

4.5.5 生产油石比的确定

根据室内马歇尔试验确定的混合料最佳油石比，为改善表面层混合料的高温稳定性，在实际生产中可比最佳油石比降低0.2%~0.3%。则拌和楼实际生产中设定的油石比应为：

(1)表面层混合料的设定油石比=最佳油石比-(0.2%~0.3%)-拌和楼的喷油误差。

(2)中、下面层混合料的设定油石比=最佳油石比-拌和楼的喷油误差。

4.6 试拌及试验路验证

4.6.1 试验路铺设的目的

(1)高等级道路的橡胶(粉)沥青路面在施工前应铺筑试验段。其他等级道路在缺乏施工经验或初次使用重大设备时，也应铺筑试验段。

(2)试验路段铺设应达到以下目的：

①验证混合料配合比设计；

②检验机械设备运转是否正常，是否满足正常工程的要求；

③检验各个工艺流程；

④确定施工参数，如混合料的松铺系数、合理的碾压次数等；

⑤检查热料仓在大规模生产过程中，各个料仓是否均衡。如有严重失衡现象，如等料、溢料严重，需及时与实验室配合，调整料仓的比例。

4.6.2 铺筑试验路前的准备

(1)试验路段的长度应根据试验目的确定，通常宜为100~200m，宜选在正线上铺筑。

(2)试验路段的铺设应按照正常生产施工时的条件，在各种机械设备、人员到位的条件下，方可开工。

(3)试验路段应在生产配合比完成后，经业主和监理同意后，方可开工。

4.6.3 试验路的施工

(1)试验路施工应严格按照生产配合比确定的配比参数、按照正常的施工状态(包括施工机械和人员)进行施工。

(2)橡胶(粉)沥青混合料性能试验的材料应从摊铺现场取料。

(3)在混合料拌和过程中,应注意热料仓的进料是否均衡。在级配范围允许的条件下,确定是否需要调整热料仓比例,并进行相应的混合料性能试验。

4.6.4 试验路的总结

应包括以下几方面内容:

(1)完整的配合比设计资料(理论配合比资料、目标配合比资料、生产配合比资料)。

(2)试验路施工参数:拌和温度、拌和时间、运输情况、摊铺情况、松铺系数、碾压机械的组合和碾压次数。

(3)工程质量检测:生产混合料的级配、油石比、马歇尔试验、水稳定性试验结果、车辙试验结果、压实度水平和现场空隙率、平整度水平。

(4)评判是否满足设计要求,以及改进措施。

(5)制订正式施工的工艺手册。

5 施工工艺技术要求

5.1 橡胶粉的存储

(1)橡胶粉应存储在通风、干燥的仓库中,并采取有效的防淋、防潮措施以及消防措施。

(2)橡胶粉现场存储时间一般不超过 180d。

5.2 橡胶沥青的加工与存储

5.2.1 橡胶沥青的加工流程及设备

(1)图 5.2.1 为橡胶沥青加工的基本流程,主要分为以下几个步骤。

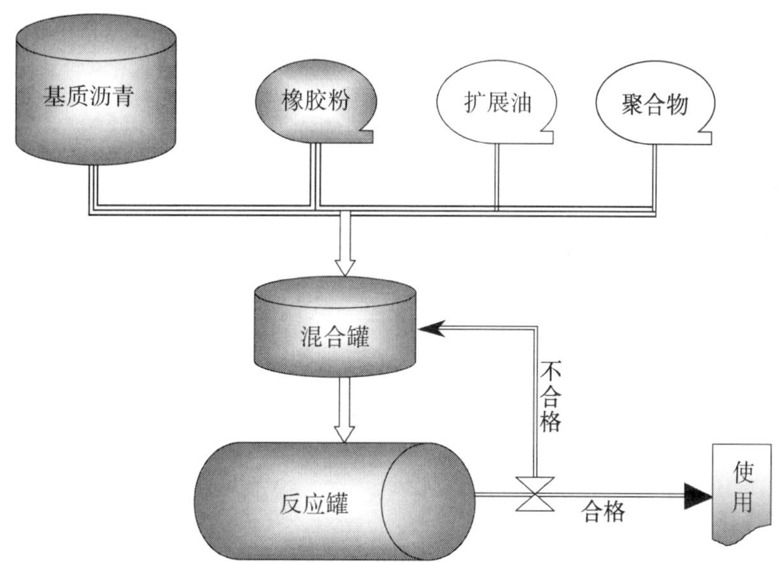

图 5.2.1 橡胶沥青的加工流程图

①第一步:基质沥青、橡胶粉等原材料的添加;

②第二步:基质沥青、橡胶粉等原材料的预混;

③第三步:橡胶沥青的反应过程;

④第四步:橡胶沥青质量监控。

(2)橡胶沥青加工的基本设备主要有:

①基质沥青的存储罐;

②橡胶粉的添加设备;

③其他添加剂的添加设备；

④基质沥青与橡胶粉等原材料的预混罐(有时可以省略)；

⑤橡胶沥青的反应罐(应具备搅拌功能)；

⑥橡胶沥青加工设备的加温和控温系统；

⑦橡胶沥青质量的监控设备。

5.2.2 橡胶沥青加工前的准备

(1)加工橡胶沥青前,橡胶沥青加工设备中的计量装置应进行专门标定,并贴有计量标签。对于固定式的加工设备,按计量有效期年限的频率进行标定,对于移动式设备,每个工程开工前均需要标定。计量标定的主要仪器或传感器有:所有的称重设备传感器、温度传感器、流量计、搅拌器的转速。

(2)在正式生产前,橡胶沥青设备应进行试生产,检查设备的运转情况。

5.2.3 橡胶沥青的加工

(1)橡胶沥青宜采用搅拌法加工。

(2)橡胶沥青生产分为连续式和间歇式,宜采用间歇式生产橡胶沥青。

(3)橡胶沥青的加工温度宜控制在 180 ~ 190℃,当橡胶粉掺量较大时,加工温度可适当提高,但不应高于 210℃。

(4)橡胶沥青加工搅拌的时间,即反应时间,一般为 45 ~ 60min。

(5)在生产过程中,应及时检测每锅橡胶沥青的技术指标,当采用连续式生产时,应每隔 45 ~ 60min 抽样检测橡胶沥青的技术指标。

5.2.4 橡胶沥青的存储

橡胶沥青原则上应在 24h 内使用完毕。当由于不可抗力,如需临时存储时,应将橡胶沥青的温度降到 145 ~ 155℃范围内存储,存储时间一般不超过 3d。在存储期间应检测橡胶沥青的技术指标。当经过较长时间存储,再次使用前,应检测橡胶沥青的指标是否满足技术要求。

5.3 橡胶沥青防水黏结层的铺筑

为了保证橡胶沥青防水黏结层施工的质量,应采用专业的机械化施工队伍。

在黏结防水层施工前应对施工现场进行认真的清理。在洒布橡胶沥青前,对施工断面进行最后一次拉网式清理。施工人员排成一排,采用便携式空压机,对施工断面进行清理,将路表面的污染清理干净。

当原路面污染比较严重时,在清理时应尽量避免施工对周围环境的影响,可采用专用的具备洒水、洗尘功能的道路清扫车,必要时也可采用洒水清洗,但应严格控制待路面彻底干燥后(一般为洒水清扫 24h 后),方可施工防水黏结层。

5.3.1 橡胶沥青洒布设备的准备

(1)橡胶沥青的洒布应采用专用的,可有效控制洒布剂量的,具有加温、保温和搅拌功能的洒布设备。

(2)洒布设备在施工前应进行认真清理,将储油罐中的残油清除干净。

(3)在正式洒布前应进行试洒。

(4)严格清理有关的施工机械,特别是沥青洒布车和碎石撒布车的车轮,严禁将污染物带上施工断面。

5.3.2 橡胶沥青的洒布量

(1)橡胶沥青的洒布量应根据沥青的黏度水平、洒铺的层位等因素确定。黏度越高,洒布量越大。当在基层顶面洒布时洒布量略高于在表面层下面的洒布量。

(2)在基层顶面洒布橡胶沥青的洒布量一般为 2.2~2.6kg/m^2。

(3)在表面层下面洒布的橡胶沥青的洒布量一般为 1.8~2.2kg/m^2。

5.3.3 橡胶沥青的喷洒

(1)在橡胶沥青洒铺前应对下承层进行认真的处理,保持干净、干燥。

(2)在施工期间,如遇下雨,应在下承层表面充分干燥的条件下洒铺。

(3)在洒铺过程中,洒布车应保持稳定的转速,匀速行驶,以保证洒铺的均匀。

(4)橡胶沥青的洒铺温度为 180~190℃。

(5)在沥青洒铺过程中应注重接头的施工处理,具体分为横向接头和纵向接头。在横向接头的位置,再次施工时既要与前次施工紧密的衔接,同时也要避免与前次施工断面重叠。因此,当每次洒铺前应用油毛毡或铁皮将已洒铺的路段遮挡覆盖,避免再次洒铺时造成沥青的重叠。

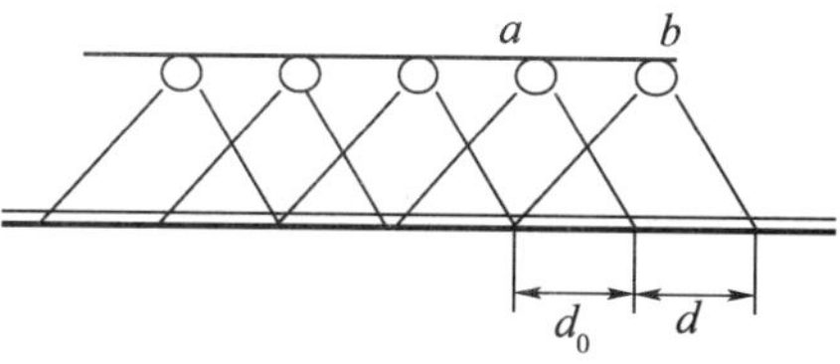

图 5.3.3 橡胶沥青喷洒示意图

在确定纵向接缝位置的施工要求时,首先分析沥青洒铺的原理。沥青洒铺时通过喷头洒成扇形,相邻的两个喷头洒铺的沥青相互重叠,重叠后的洒铺沥青量即为设计的标准用量。图 5.3.3 为橡胶沥青喷洒示意图,a、b 为两个相邻的喷头,两个喷头洒铺的沥青相互重叠,重叠的宽度为 d_0,该宽度范围内的沥青洒铺量为设计要求的洒铺量。假设每个喷头沥青洒铺量相同,则外侧的 b 喷头未重叠的 d 宽度范围内的洒铺沥青仅为设计要求的一半。因此,在第二次洒铺时,在纵向应与前次洒铺的沥青重叠宽度 d。宽度 d 一般为两个相邻喷头的间距。

5.3.4 橡胶沥青防水黏结层碎石的撒布

(1)认真准备碎石,严格按设计要求准备符合规格的碎石。

撒布的碎石宜进行筛分,保证碎石的单一粒径,超粒径范围的石料含量不应超过

10%。撒布的碎石应达到干燥、干净的状态。对于高等级道路，或碎石的粉尘含量比较高时，碎石需要进行水洗，并晾干。处理好的碎石应单独堆放在硬化的场地，并做好防尘、防雨，避免二次污染，以备施工使用。

对于高等级道路施工，在撒布前，碎石宜通过拌和楼进行预拌。其目的，一是消除撒布时粉尘对环境的污染，二是提高碎石的撒布温度，有利于与防水黏结层的结合。碎石的撒布温度不宜低于 80℃。预拌沥青可采用普通沥青，油石比一般为 0.5%。

(2)碎石的试撒主要确定撒布车料斗的倾角、车速和标准的撒布量。在一般的设计中，碎石的撒布要求是按照面积的标准给出的（如：满铺的 60%），为了便于工程计量需要得到每平方米的撒布公斤量。这是通过实际工程中试撒得到的，并经过监理和业主的确认，作为今后工程计量的标准。当采用石灰岩石料，规格为 13.2 ~ 16mm 时一般为撒布量为 10 ~ 12kg/m^2；规格为 16 ~ 19mm 时一般为撒布量为 12 ~ 14kg/m^2；

(3)在喷洒橡胶沥青后应及时撒布碎石，以便沥青和撒布的石料能有效的黏结、固定。在大规模施工时，根据施工效率，一般 1 台洒油车配备 2 台碎石撒布车。

(4)撒布碎石时，除了施工设备配备的操作手外，每台碎石撒布车应再配备 1 ~ 2 名清洁工，跟随在撒布车后，将散落在外边的碎石清扫干净。

(5)根据撒布碎石的原理和意义，灵活掌握碎石撒布的位置。在靠近路缘石和边缘 20cm 左右的宽度，在不影响摊铺机械的运行的位置可不撒碎石，更便于层间的黏结。

(6)为了避免碎石撒布车与黏层沥青产生粘连，碎石撒布车的载重轮可略微喷洒水，但洒水量需要严格控制，以浸润轮胎为标准，不可造成水在黏结层上流淌。

(7)在撒布碎石施工中，为了保证撒布的均匀性，应注意撒布车辆的起动阶段、纵横向的交接位置，不能出现重叠现象，如造成重叠，应在胶轮碾压前及时处理。

5.3.5 橡胶沥青防水黏结层的成型

碎石撒布后，应及时用重型胶轮压路机紧跟碎石撒布车碾压成型。胶轮压路机来回碾压 1 ~ 2 遍。

碾压成型后应尽快安排沥青混合料的摊铺，间隔时间不宜超过 24h，其间应临时封闭交通，避免防水黏结层的二次污染。

5.4 橡胶(粉)沥青混合料的拌和

5.4.1 拌和厂的准备。

(1)拌和厂的设置必须符合国家有关环境保护、消防、安全等规定。

(2)拌和厂与工地现场距离应充分考虑交通堵塞的可能，确保混合料的温度下降不超过规定要求，且不致因颠簸造成混合料离析。

(3)拌和厂应具有完备的排水设施。各种集料必须分隔储存，细集料料场应设防雨顶棚，料场及场内道路应作硬化处理，严禁泥土污染集料。

5.4.2 沥青混合料可采用间歇式拌和机或连续式拌和机拌制。高等级道路宜采用间歇式拌和机拌和;连续式拌和机使用的集料必须稳定不变。一个工程从多处进料、料源或质量不稳定时,不得采用连续式拌和机。

5.4.3 沥青混合料拌和设备的各种传感器必须定期检定,周期不少于每年一次。冷料供料装置需经标定得出集料供料曲线。

5.4.4 间歇式拌和机应符合下列要求:

(1)总拌和能力满足施工进度要求。拌和机除尘设备完好,能达到环保要求。

(2)冷料仓的数量满足配合比需要,通常不宜少于 5 ~ 6 个。

(3)冷料仓之间的隔板高度不宜低于 70cm,避免在生产过程中造成料仓中原材料的混杂。

5.4.5 拌和机的矿粉仓应配备振动装置以防止矿粉起拱。添加消石灰、水泥等外掺剂时,宜增加粉料仓,也可由专用管线和螺旋升送器直接加入拌和锅,若与矿粉混合使用时应避免二者因密度不同发生离析。

5.4.6 拌和机必须有二级除尘装置,一级除尘部分可直接回收使用,二级除尘部分可进入回收粉仓使用(或废弃)。对因除尘造成的粉料损失应补充等量的新矿粉。

5.4.7 沥青混合料拌和时间根据具体情况经试拌确定,以沥青均匀裹覆集料为度。间歇式拌和机每盘的生产周期不宜少于 50 ~ 60s(其中干拌时间不少于 15 ~ 20s)。

5.4.8 间歇式拌和机宜备有保温性能好的成品储料仓,储存过程中混合料温降不得大于 5℃,且不能有沥青滴漏。橡胶(粉)沥青混合料宜随拌随用,储存时间不宜超过 10h。

5.4.9 采用干拌法工艺时,橡胶粉必须在混合料中充分分散,拌和均匀。拌和机应配备同步添加料投料装置,橡胶粉宜在粗集料投入的同时自动加入,经 5 ~ 10s 的干拌后,再投入矿粉。工程量很小时也可分装成塑料小包或由人工量取直接投入拌和锅。

5.4.10 应充分利用拌和楼的热料仓。

5.4.11 橡胶(粉)沥青混合料的拌和温度按表 5.4.11 执行。当橡胶沥青黏度大于 2.5Pa·s时,橡胶沥青的加热温度应提高 5 ~ 10℃。

表 5.4.11 混合料的拌和温度参数(℃)

类　型	石料加热温度	沥青温度	出料温度
湿拌法	180 ~ 190	175 ~ 180	> 180
干拌法	190 ~ 200	155 ~ 160	> 180

5.4.12 拌和楼在生产过程中应打印每盘料的生产数据,包括每盘料各个热料仓的矿料量、填料、沥青和橡胶粉的质量(对于干拌工艺)、拌和的时间(精确到秒)。

5.5 橡胶(粉)沥青混合料的运输

5.5.1 橡胶(粉)沥青混合料宜采用较大吨位的运料车运输,但不得超载运输,或紧急制动、急弯掉头使透层、封层造成损伤。运料车的运力应稍有富余,施工过程中摊铺机前方应有运料车等候。对高等级道路,待等候的运料车宜多于5辆后开始摊铺。

5.5.2 运料车每次使用前后必须清扫干净,在车厢板上涂一薄层防止沥青黏结的隔离剂或防黏剂,但不得有余液积聚在车厢底部。从拌和机向运料车上装料时,应多次挪动汽车位置,平衡装料,以减少混合料离析。运料车运输混合料宜用苫布或棉被覆盖,以保温、防雨、防污染,直到摊铺前方可将覆盖物打开。

5.5.3 摊铺过程中运料车应在摊铺机前1~3m处停住,空挡等候,由摊铺机顶上运料车,运料车边前进边缓缓卸料,应避免料车撞击摊铺机。在有条件时,运料车可将混合料卸入转运车经二次拌和后向摊铺机连续均匀地供料。运料车每次卸料必须倒净,如有剩余,应及时清除,防止硬结。

5.5.4 由储料仓向运料车装混合料时,要尽量缩短储料仓出料口到车厢板的距离,要分别在车厢的不同位置分次卸料。如先在车厢的后部装一部分料,再在车厢的前部装一部分料,然后再在车厢中部装一部分料。如车厢的容量大,可以分成5次装料,先在车厢后部装两堆料,再在车厢前部装两堆料,最后在车厢中间装一堆料。这样可减轻装料过程中集料的离析现象。

5.5.5 摊铺机的摊铺速度应与拌和机的正常生产能力,或每小时的产量相匹配。运料车需要有足够的数量,能将拌和机生产的混合料及时送到铺筑现场。

5.5.6 现场应设专人指挥运料车就位,并使其配合摊铺机卸料。

5.6 橡胶(粉)沥青混合料的摊铺

5.6.1 橡胶(粉)沥青混合料的摊铺宜使用履带式摊铺机。在开始摊铺沥青混合料前1h,就应加热摊铺机的分料器和熨平板等有关装置。

5.6.2 运料车向摊铺机受料斗中卸料时,要根据受料斗的容量,尽可能快速一次将受料斗装满，以减少集料离析。但要注意不要一次卸料过多，使料溢出料斗，散落到待铺下承层上。

5.6.3 应将散落在下承层上的沥青混合料，用铁锹铲出放到受料斗内，不能将料就地铲开薄层铺平。因摊成的薄层料的温度下降很快，摊铺机铺上新混合料和碾压后，实际上会导致沥青混凝土层局部的不均匀性。散落在下承层上的少量沥青混合料，应铲起甩出路外。

5.6.4 受料斗中的沥青混合料要及时送到后面分料室中。分料室的螺旋分料器要及时将料分向两侧，直到混合料的高度达到全长螺旋分料器的3/4高度，即混合料的高度要超过螺旋分料器的转轴并将上部分料器淹埋1/2，然后再开始摊铺。在摊铺过程中，受料斗中的沥青混合料要连续不间断地向后面分料室送料，螺旋分料器也要不间断地将混合料向两侧分料，并始终保持螺旋分料器周围混合料的高度。混合料的高度不能忽高忽低，分料器的转轴不能时隐时现，也不能使转轴的两端在混合料内，而中间外露，或中间在混合料内，而两端外露。因为这些现象都将影响铺成沥青混凝土的均匀性和平整度。

5.6.5 在受料斗内混合料不多时，指挥人员应估计运料车中剩余混合料能否一次卸完到受料斗中。如能一次卸完，应指挥运料车驾驶员将混合料一次卸入受料斗中。但要注意不使混合料溢出受料斗和散落在下承层上，同时指挥卸完料的运料车尽快离开摊铺机，并指挥待卸料的运料车尽快后退到摊铺机受料斗前，准备卸料。

5.6.6 受料斗两侧翼板内的混合料，常是粗颗粒较多的离析混合料。在料斗中间部分混合料较少时，摊铺机操作员习惯上会将两侧翼板内的离析混合料向中间翻倒。如果这部分混合料被单独送到分料室中，并摊铺在下承层上，则摊铺机后面接近两侧铺成的沥青混凝土会产生片状离析现象。为避免发生上述现象，指挥人员要指挥已到受料斗前待卸料的运料车在受料斗中部离析混合料还没有被向后面分料室输送前，及时向受料斗中卸入新混合料，使新混合料与原离析混合料一起被送到分料室中，并由螺旋分料器将新旧混合料分散开。这样能减少集料离析现象。

5.6.7 为避免发生5.6.6条所说的片状离析现象，也可以不将两侧翼板内的离析混合料向中间翻倒。中间混合料不足时，运料车及时向受料斗内倾卸混合料。在中断摊铺时，将两侧翼板内的混合料废弃不用。

5.6.8 摊铺机必须缓慢、均匀、连续不间断地摊铺，不得随意变换速度或中途停顿，以提高平整度，减少混合料的离析。摊铺速度宜控制在1~3m/min。当发现混合料出现明显的离析、波浪、裂缝、拖痕时，应分析原因，予以消除。

5.6.9 摊铺机应采用自动找平方式,下面层或基层采用钢丝绳引导的高程控制方式,上面层宜采用平衡梁或雪橇式摊铺厚度控制方式,中面层根据情况选用找平方式。直接接触式平衡梁的轮子不得黏附沥青。

5.6.10 橡胶沥青路面施工的最低气温应不低于15℃,寒冷季节遇大风降温,不能保证迅速压实时不得铺筑橡胶(粉)沥青混合料。热拌沥青混合料的最低摊铺温度根据铺筑层厚度、气温、风速及下卧层表面温度不得低于表5.6.10的要求。每天施工开始阶段宜采用较高温度的混合料。

表5.6.10 橡胶(粉)沥青混合料的最低摊铺温度

下卧层的表面温度(℃)	相应于下列不同摊铺层厚度的最低摊铺温度(℃)		
	<50mm	50~80mm	80~100mm
10~15	172	165	160
15~20	167	160	155
20~25	160	155	150
>25	155	155	150

5.6.11 为了减少摊铺过程中的离析问题,提高路面的摊铺质量,宜采用运料转输车配合摊铺使用。

5.6.12 对高等级道路,橡胶(粉)沥青混合料的松铺系数应通过试验路段的试铺、试压确定。对于低等级道路松铺系数可通过试验路确定,也可按照经验确定,一般为1.18~1.20。

5.7 橡胶(粉)沥青混合料的压实

5.7.1 橡胶(粉)沥青混凝土的压实层最大厚度不宜大于100mm。

5.7.2 橡胶(粉)沥青路面施工应配备足够数量的压路机,选择合理的压路机组合方式及初压、复压、终压(包括成型)的碾压步骤,以达到最佳碾压效果。铺筑高等级道路双车道沥青路面的压路机数量不宜少于5台。施工气温低、风大、碾压层薄时,压路机数量应适当增加。

5.7.3 压路机轮上的淋水喷头,应疏通、调试好,应能够有效控制喷水量。在碾压过程中,根据情况应随时调整喷水的大小,且不得过度喷水碾压。同时,给压路机添水的水车,应随时跟在压路机后面,停放在已碾压好路段的旁边,便于压路机及时加水。

5.7.4 在整个碾压过程中,应有专人指挥,负责碾压各个阶段的衔接。

5.7.5 压路机应以慢而均匀的速度碾压,压路机的碾压速度应符合表 5.7.5 的规定。压路机的碾压路线及碾压方向不应突然改变而导致混合料推移。碾压区的长度应大体稳定,两端的折返位置应随摊铺机前进而推进,横向不得在相同的断面上。

表 5.7.5 压路机碾压速度(km/h)

压路机类型	初压		复压		终压	
	适宜	最大	适宜	最大	适宜	最大
钢筒式压路机	2~3	4	3~5	6	3~6	6
轮胎压路机	2~3	4	3~5	6	3~6	8
振动压路机	2~3 (静压或振动)	3 (静压或振动)	3~4.5 (振动)	5 (振动)	3~6 (静压)	6 (静压)

5.7.6 橡胶(粉)沥青混凝土碾压温度的高低与橡胶沥青的黏度有关,黏度越大,碾压温度越高。橡胶(粉)沥青混凝土的初压温度一般不宜低于 155℃,复压温度不宜低于 135℃,终压的结束温度不宜低于 90℃。当混合料的摊铺厚度大于 80mm 时,初压温度不宜低于 150℃。

5.7.7 橡胶(粉)沥青混合料的初压应符合下列要求:

(1)初压应在紧跟摊铺机后进行,并保持较短的初压区长度,以尽快使表面压实,减少热量散失。

(2)橡胶(粉)沥青混合料宜采用重型胶轮压路机进行初压 2~3 遍,以提高碾压混合料的密实性。压路机吨位应不小于 25t。当胶轮压路机上路碾压前,应将轮胎清理干净,并用水与煤油(或柴油)的混合液(比例 1:1左右)擦拭轮胎。在整个碾压过程中,轮胎压路机不可洒水,以保持高温碾压。同时每个压路机跟着 1 名工人,用拖把蘸混合液不时擦拭轮胎,防止粘轮。

(3)当采用振动压路机初压时,可直接采用"高频、低振"的模式进行碾压 1~2 遍。碾压时应将压路机的驱动轮面向摊铺机,从外侧向中心碾压,在超高路段则由低向高碾压,在坡道上应将驱动轮从低处向高处碾压。在整个碾压过程中应控制钢轮上的洒水量,以刚好不粘轮的洒水量为宜。

(4)初压后应检查平整度、路拱,有严重缺陷时进行修整乃至返工。

5.7.8 橡胶(粉)沥青混合料的复压应符合下列要求:

(1)复压应紧跟在初压后进行,且不得随意停顿。压路机碾压段的总长度应尽量缩短,通常不超过 50m。采用不同型号的压路机组合碾压时宜安排每一台压路机作全幅碾压,防止不同部位的压实度不均匀。

(2)宜优先采用振动压路机复压。钢轮压路机的静压力应不低于 11t。振动压路机的振动频率宜为 35~50Hz,振幅宜为 0.3~0.8mm。层厚较大时选用高频率大振幅,以产生较大的激振力，厚度较薄时采用高频率低振幅，以防止集料破碎。相邻碾压带重叠宽度为100～200mm。振动压路机折返时应先停止振动。

(3)当采用三轮钢筒式压路机时，总质量不宜小于12t，相邻碾压带宜重叠后轮的1/2宽度，并不应少于200mm。

(4)对路面边缘、加宽及港湾式停车带等大型压路机难于碾压的部位，宜采用小型振动压路机或振动夯板作补充碾压。

5.7.9 终压可选用双轮钢筒式压路机或关闭振动的振动压路机碾压不宜少于2遍，至无明显轮迹为止。

5.7.10 在复压结束后，应由施工人员用3m直尺检测路面的纵向平整度，结合终压及时修补，以保证良好的平整度水平。

5.8 橡胶(粉)沥青混凝土路面施工接缝的处理

沥青路面的施工必须接缝紧密、连接平顺，不得形成明显的接缝离析。上、下层的纵缝均应错开150mm(热接缝)或300～400mm(冷接缝)以上。相邻两幅及上、下层的横向接缝均应错位1m以上。接缝施工应用3m直尺检查，确保平整度符合要求。

5.9 开放交通及其他

橡胶(粉)沥青混合料摊铺结束后，应在24h后或路面温度低于50℃后方可开放交通。

6　施工质量管理和验收

6.1　一般规定

6.1.1　橡胶(粉)沥青混凝土路面施工应根据全面质量管理的要求,建立健全有效的质量保证体系,对施工各工序的质量进行检查评定,达到规定的质量标准,确保施工质量的稳定性。

6.1.2　施工前应对沥青拌和楼、摊铺机、压路机等各种施工机械和设备进行调试,对机械设备的配套情况、技术性能、传感器计量精度等进行认真检查、标定,并得到监理的认可。

6.1.3　正式开工前,各种原材料的试验结果,以及据此进行的目标配合比设计和生产配合比设计结果,应在规定的期限内向业主及监理提出正式报告,待取得正式认可后方可使用。

6.2　施工质量控制管理

6.2.1　生产过程化的控制

为了保证橡胶(粉)沥青混凝土的质量,强调混合料生产施工的过程化、动态控制。

6.2.2　原材料质量控制

橡胶(粉)沥青混合料的粗集料、细集料、矿粉、沥青(湿拌工艺的基质沥青、干拌工艺的沥青)按现行有关沥青路面施工技术规范规定的抽检项目和频度进行检查。

橡胶粉进场前应按每100t的频率提供全套物理、化学指标的检测报告;进场后应按每200t的频率进行化学指标的抽检,并按每10t的频率抽检物理指标。

橡胶粉的掺量应严格按照设计掺量,允许正误差2%,不允许出现负误差。

6.2.3　橡胶沥青的质量控制

为了确保橡胶沥青的质量,除了针入度、软化点、延度、弹性恢复、老化试验外,黏度是关键、有效的检测指标。

黏度检测分为橡胶沥青生产检测和混合料生产检测两部分。对于橡胶沥青生产检测,如采用连续式生产,每隔1h从生产罐中抽取样品进行检测,如采用间歇式生产,每罐抽检一次。每次检测平行试验应不少于3个样本。对于混合料生产检测是在生产混合料前和生产过程中从储油罐中提取样品进行检测。每隔4h抽取一个样本。当橡胶沥青的生产和混合料生产同步进行时，可只进行橡胶沥青的生产检测。

现场黏度检测时，其温度应控制在180℃，从取样到试验结束应在1h内，试验记录应记录试验的时间范围。

以上各试验指标的数据应满足相应工程设计文件的要求。

6.2.4 橡胶（粉）沥青混合料技术指标控制

橡胶（粉）沥青混合料每台拌和楼每天取样两次，进行马歇尔击实试验，测量混合料的空隙率、稳定度；并采用燃烧法测定混合料的油石比和矿料级配，以两个样本的平均值评定。

同时每天进行混合料的车辙试验，以3个试件的平均值评定。必要时进行混合料的浸水马歇尔试验和冻融劈裂试验。

发现问题应及时调整，必要时需要停工，待问题解决后方可开工。

以上各试验数据应满足相应工程设计文件的要求。

6.2.5 橡胶（粉）沥青混合料生产的质量控制

橡胶（粉）沥青混合料的生产质量控制，除了一般混合料质量控制的要求外，应着重加强以下几方面的控制。

（1）对于干拌法工艺，应控制每盘料的橡胶粉的添加量，应与每盘料的混合料其他参数一起打印。

（2）应严格保证混合料生产过程中的拌和温度和拌和时间，特别是（橡胶）沥青的温度和干拌时间。

（3）应保证混合料的碾压温度和压实机械的配套。

6.2.6 橡胶沥青防水黏结层的质量控制

防水黏结层每1 000m^2现场抽检一次沥青洒铺剂量，误差不应超过±0.1kg/m^2。

6.3 橡胶（粉）沥青混凝土验收标准

6.3.1 橡胶（粉）沥青混凝土每2 000m^2检测一组压实水平，采用压实度和现场空隙率双指标控制，控制标准见表6.3.1。

表6.3.1 混合料压实水平的控制标准

层 位	上 面 层		中、下面层	计 算 标 准
混合料类型	密实型	开级配	密实型	
压实度（%）≥	98	98	97	实验室标准密度
现场空隙率（%）≤	7(8*)	—	7	混合料最大理论密度

注：* 当采用10型混合料时，现场空隙率要求不大于8%。

6.3.2 橡胶（粉）沥青混凝土路面的外观、接缝、厚度、平整度、宽度、纵断面高程、横坡等验收标准与现行有关的沥青路面施工技术规范中的要求一致。

附录A　橡胶粉有关试验方法

A.1　外观检验

硫化胶粉应质地均匀,不得含有目测可见的木屑、金属、沙砾、污物和玻璃等非橡胶组分的杂质。橡胶粉中的纤维不得结团、不得有柱状的纤维颗粒。

A.2　倾注密度和视密度试验方法

A.2.1　倾注密度试验方法

本试验方法来自“橡胶用造粒炭黑倾注密度的测定方法”(GB/T 14853.1—93)。通过称取已知体积橡胶粉质量,计算倾注密度。

(1)仪器与材料。

①倾注密度杯:体积 1 000cm^3,直径 100mm ± 10mm。要求倾注密度杯高度均一,不变形,无倾出唇口(注:也可采用其他容积的密度杯,但要求测试结果与规定容积的密度杯相一致)。

②直尺和刮刀:长度至少为 130mm。

③天平:精确至 0.1g。

(2)试验步骤。

将足够的橡胶粉样品距已称量过的密度杯边缘上方约 50mm 处倾入密度杯中央使其在密度杯上方形成一个圆锥体,持直尺或刮刀成垂直状况,紧贴着密度杯上边缘,一次把密度杯上面样品刮平,使表面成水平状。

称量装有样品的密度杯,精确至 0.1g,计算橡胶粉的质量。

(3)结果计算。

橡胶粉的倾注密度以单位体积的质量表示,其单位为 kg/m^3,按下式计算:

$$\rho = \frac{m}{V} \tag{A.2-1}$$

式中:m——橡胶粉的质量,kg;

V——密度杯的体积,m^3;

ρ——倾注密度,kg/m^3。

A.2.2　视密度试验方法

本试验方法参考《公路工程集料试验规程》T 0328—2000,使用容量瓶法进行橡胶粉的密度测试。

(1)仪器与材料。

①天平:称量300g,感量不大于0.000 1g。

②容量瓶:50mL。

③煤油。

(2)试验步骤。

将橡胶粉置于80℃±2℃烘箱中烘干以后,称取橡胶粉10g左右,记录质量 m_0。装入盛有半瓶煤油的容量瓶中。摇转容量瓶,使试样在煤油中充分搅动,以排除气泡。塞紧瓶塞,静止24h左右,然后用滴管添加煤油,使油面和瓶颈刻度线齐平,再塞紧瓶塞,擦干瓶外水分,称其总质量(m_2)。倒出瓶中的煤油和试样,将瓶中的内外表面洗净,再向瓶内注入煤油至瓶颈刻度线,塞紧瓶塞,擦干瓶外水分,称总质量(m_1)。

(3)结果计算。

$$\rho_0 = m_0/(m_1 + m_0 - m_2) \times \rho \tag{A.2-2}$$

式中:ρ——煤油的密度,g/m³;

ρ_0——橡胶粉表观密度,g/m³;

m_0——试样的烘干质量,g;

m_1——煤油和容量瓶的总质量,g;

m_2——试样、煤油和容量瓶的总质量,g。

(4)注意事项。

由于橡胶粉密度较小,应采用精度较高的分析天平,测试的介质采用煤油。

由于橡胶粉的粒子性质,表面有许多空隙,极易夹杂空气,数据偏差较大。因此宜采用6个样本的平行试验。

A.3 筛余物的测定

筛余物的测定可以使用手工筛选的方法测定。

(1)仪器与材料。

①标准筛:不锈钢或黄铜制造,直径是200mm(7.9英寸),有盖子,有底盘。

②天平:感量是0.001g。

③刷子:尼龙刷。

④广口瓶:容量是500mL,大开口。

⑤滑石粉:粒径为325目以上的化学纯试剂。

⑥镊子:实验室用尖嘴镊子。

(2)样品制备。

用500mL玻璃烧杯称取无结团现象的胶粉试样100g(称量精确至0.1g)。根据样品的粗细称出一定比例的滑石粉。如:粗于60目的胶粒所需滑石粉为5.0g,60目或者更细的胶粒所需滑石粉为15.0g。将滑石粉倒入称量好的胶粉试样中并用玻璃棒将滑石粉与胶粉样品充分搅拌均匀后待用。

(3)试验步骤。

将制备好的样品倒入有接收盘的标样筛中筛选。标样筛为标样分样筛和叠加于标样筛上部相临一级(粒径大于所测标样)的标准筛。筛选时以一只手持筛并稍倾斜,使筛中试样均匀分布于网面,另一只手轻轻敲击筛框,并水平旋动标准筛,经10min筛选后,用刷子刷筛样品至试样1min从筛网中的通过量低于0.1g时,即停止筛选,并称量滞留在筛网内的筛余试样,精确至0.001g。对于通过筛网被盛于接收盘中的试样,则移入下一档筛网中进行同样操作。

(4)结果计算。

$$A = B/S \times 100\% \tag{A.3}$$

式中:A——筛余物的百分比,%;

B——滞留在筛网中试样的质量,g;

S——试样质量,g。

A.4 水分的测定

(1)仪器与材料。

①称量瓶:ϕ40mm×35mm。

②干燥箱:内装无水氯化钙或变色硅胶。

③恒温箱:配备温度均衡自控装置。

④天平:感量为0.000 1g。

(2)实验步骤。

将称量瓶置于80℃±2℃的恒温箱中烘干至恒重。称取2g(精确到0.000 2g)胶粉试样放入称量瓶内,置于上述温度恒温箱中烘干2h取出,立即放入干燥器内冷却30min后称重。

(3)结果计算。

$$A = (G_1 - G_2)/G_1 \times 100\% \tag{A.4}$$

式中:A——水分含量的百分比,%;

G_1——烘干前试样的质量,g;

G_2——烘干后试样的质量,g。

A.5 灰分的测定

本试验方法源自(GB/T 4498—1997)“橡胶灰分的测定”中的B法。

方法要点是将已称量试样放入坩埚中,在硫酸存在下用调温电炉(或本生灯)加热,然后放入马福炉内灼烧,直至含碳物质被全部烧尽,并达到质量恒定。

(1)仪器与材料。

①硫酸(仅用于方法 B):分析纯,$\rho = 1.84g/cm^3$。

②坩埚:容积约为 $50cm^3$ 的瓷坩埚、石英坩埚或铂坩埚,对于合成生橡胶,可用每克试样至少 $25cm^3$ 容积的坩埚。

③石棉板:为 100mm 见方,厚约 5mm,中央开有放坩埚的圆孔,使坩埚约 2/3 的部分露于此板之下。

④马福炉:装有烟道并能控制通入炉内的气流,备有控温装置,使炉温保持在 550℃ ± 25℃或 950℃ ± 25℃。

(2)操作步骤。

将清洁而规格适当的空坩埚放在温度为 950℃ ± 25℃的马福炉内加热约 30min,然后放入干燥器中冷却至室温,取出称量,精确至 0.1mg。称取 1 ~ 5g 橡胶粉,精确至 0.1mg。将称好的试样放入坩埚,然后倒入约 $3.5cm^3$ 的浓硫酸于试样上,使橡胶完全润湿。将装有试样的坩埚置于石棉板的孔内。在适当排风的通风橱内用电炉慢慢加热。如果反应开始阶段,混合物膨胀严重,则撤掉热源以避免材料可能的损失。

当反应变得较为缓慢时,升高温度,直到过量的硫酸挥发掉,留下干的炭化残余物为止,将盛有残余物的坩埚移入温度为 950℃ ± 25℃的马福炉中加热约 1h,直到碳被完全氧化成净灰为止。从马福炉中取出盛灰的坩埚放入干燥器中冷却到室温,称量并精确至 0.1mg。然后再将此盛灰坩埚放入 950℃ ± 25℃的马福炉中,加热约 30min 后,取出放入干燥器中冷却至室温,再称量并精确至 0.1mg。

如果这两次称量之差大于灰分含量的 1%,则重复加热,冷却和称量操作步骤,直至连续两次称量之差小于灰分含量的 1%为止。

(3)结果表示。

$$灰分 = \frac{m_2 - m_1}{m_0} \tag{A.5}$$

式中:m_0——试样质量,g;

m_1——空坩埚质量,g;

m_2——坩埚与灰分质量之和,g。

(4)允许差。

①灰分含量在 1% ~ 5%时,两次测定结果之差不大于 0.20%;

②灰分含量在 5% ~ 10%时,两次测定结果之差不大于 0.30%;

③灰分含量在 10% ~ 50%时,两次测定结果之差不大于 0.40%。

A.6 金属含量的测定

(1)操作步骤。

随机抽取试样 50g(精确到 0.002g),放置于无磁性的平坦平面上,将一小型马蹄形磁铁放在样品上60s,然后用毛刷清除马蹄形磁铁上的吸附物,直至清除干净后称取金属吸附物的质量(精确到0.001g),计算出金属含量百分比。

(2)金属含量计算。

$$A = G_2 / G_1 \times 100\% \tag{A.6}$$

式中:A——金属含量的百分比,%;

G_1——吸附前试样的质量,g;

G_2——金属吸附物的质量,g。

A.7 纤维的测定

按照筛余物测定的试验方法,筛网和接收盘中纤维会形成纤维球,将聚集在各层筛网中的纤维球用尖嘴镊子取出,“纤维球”很可能裹着胶粉,先置于平板玻璃板上,晃动平板,将缠裹在纤维球中的细胶分去除后。观察纤维性状,确定纤维没有结绳,纤维的长度保证在路用纤维的长度要求范围内。

具体纤维的指标参照路用纤维的指标和试验方法测定。

A.8 橡胶烃含量、炭黑含量的测定

橡胶烃和炭黑含量的测定,根据测量的原理和方法的不同,国标中有以下几种方法,实验室可以根据自身的条件,选用相对容易实现的测定方法。

A.8.1 热重分析法(GB/T 14837—93)

本标准规定了测定硫化胶和混炼胶中总有机物、炭黑及灰分等组分含量的热重分析法。

(1)试验方法提要。

按预定的程序,在氮气流中把已称重的试样从70℃加热到300℃,并恒温10min。失质量近似地反应300℃前可挥发性非橡胶组分含量。通常该值与溶剂抽出物含量不等。

然后仍在氮气流下将炉温升至550℃,并恒温15min。70~550℃间的失质量表示有机物总量。

在氮气流下将炉温由550℃降至300℃左右(可关闭加热炉),再将氮气改为氧气或空气,调节总的气体流速以使样品表观质量不发生变化。将炉温迅速升至650℃,恒温15min或直至衡重。该区间失质量表示所含炭黑质量(若有石墨存在,升温至850℃以使石墨完全燃烧)。

650℃(若石墨存在为850℃)的残余物质量表示灰分质量。

(2)仪器与材料。

①干燥的氮气:含量为99.999%以上;

②干燥的空气或氧气;

③碳酸钙(HG3—1066):分析纯;

④标准参比炭黑(GB 9578);

⑤热重分析仪:按本方法工作的热分析仪必须按(3)中所规定的程序进行检验;

⑥DTG 辅助元件:本方法推荐使用 DTG 微商热重法辅助元件;

⑦分析天平:分度值 0.1mg。

(3)热重分析仪的检验。

净化时间的测量:

将一定(通常为 4 ~ 10mg)的炭黑或含炭黑胶样放在热天平的样品盘中,在氮气下加热至 650℃。氮气流速以仪器说明书所推荐的流速为准(通常为 25 ~ 40mL/min)。

通入空气或氧气,在 650℃恒温直至试样完全燃烧。

恒重后,关掉加热炉,让仪器在空气或氧气气氛下冷至室温。

当温度降回至 25℃ ± 5℃时,再把一定量(通常为 4 ~ 10mg)的炭黑试样放入预先设定条件的热重分析天平的样品盘中,使加热炉返回工作位置。

接通纯氮气同时记下时间(t_1),并使炉温以尽快速度升温至 650℃,然后保持恒温。

观察热重分析仪的质量变化曲线,当恒重时记下相应的时间(t_2)。

注:检查样品盘中应有剩余炭黑,因为若在加热期间所有的炭黑均烧掉,天平也能指示恒重。

从系统中除掉全部氧气所需要的净化时间 t_p 可由式得出:

$$t_p = t_2 - t_1 \tag{A.8-1}$$

式中:t_1——接通氮气时的时间,min;

t_2——接通氮气后,样品恒重时的时间,min;

t_p——净化时间,min。

(4)分析步骤。

①打开热重分析仪,平稳基线。

②称取一定量(通常为 4 ~ 10mg,精确称至 0.1mg)的橡胶粉,放入热天平的样品盘中。

③让加热炉返回工作位置,用氮气以恒定流速(通常为 25 ~ 40mL/min)净化系统,其时间应不短于净化时间(t_p)。

注:a.某些类型的热量分析仪,在样品放入后可将记录仪调至 100%,在这种情况下,m 值相当于 100,而没有必要预先准确称量试样。

b.在氮气气氛下加热时,仪器内存恒量的空气或氧气将导致错误的结果,并且在 550℃加热含炭黑胶样期间不可能获得一个恒定的质量。为了缩短净化时间,建议即使在仪器不用时仍然让氮气流通过。

④以 10℃/min 的速率将炉温升至 300℃。

⑤将炉温在 300℃恒定 10min。

⑥以 20℃/min 的速率将炉温升至 550℃。

⑦将炉温在 550℃恒定 15min。

⑧以 20℃/min 的速率将炉温降至 300℃左右(或关闭加热炉,自然降温)。

⑨关闭或部分关闭氮气气阀,通入空气或氧气,调节流过仪器的气体总流量,以使试

样的表观质量不发生变化。

⑩以 20℃/min 的速率将炉温升至 650℃(若有石墨存在,则升温至 850℃)。

⑪将炉温在 650℃(若有石墨存在,则为 850℃)恒定 15min 或直至恒重为止。

⑫关闭加热炉,把气体流换成纯氮气流。关掉记录仪,从样品盘中倒掉残余的灰分,这时仪器处于下一个测试的准备状态。

(5)分析结果的表示。

300℃前挥发性组分含量的质量百分数由式(A.8-2)给出:

$$300℃前挥发性组分(\%)=\frac{m_0-m_1}{m_0}\times 100 \tag{A.8-2}$$

式中:m_0——试样的质量,mg;

m_1——试样在 300℃恒温结束时的质量,mg。

总有机物组分的质量百分数由式(A.8-3)给出:

$$有机物总量(\%)=\frac{m_0-m_2}{m_0}\times 100 \tag{A.8-3}$$

式中:m_2——试样在 550℃恒温结束时的质量,mg。

炭黑或石墨组分的质量百分数由式(A.8-4)给出:

$$炭黑或石墨(\%)=\frac{m_2-m_3}{m_0}\times 100 \tag{A.8-4}$$

式中:m_3——试样在空气或氧气,或在氮气与氧气或氮气与空气的混合气体的条件下,对炭黑在 650℃(石墨在 850℃)恒温结束时的质量,mg。

灰分的质量百分数由式(A.8-5)给出:

$$灰分(\%)=\frac{m_3}{m_2}\times 100 \tag{A.8-5}$$

A.8.2 橡胶炭黑含量的测定,热解法(GB/T 3515—2005)

本标准规定了用热解法测定橡胶中炭黑含量的方法。热解管式炉装置见附图 A.8.2。

本标准适用于以下几种聚合物的硫化橡胶和混炼橡胶:天然橡胶或异戊橡胶;顺丁橡胶;丁苯橡胶;丁基橡胶;丙烯酸酯橡胶;乙丙橡胶;聚醚;衍生的聚乙烯化合物;硅橡胶;氟硅橡胶;氯磺化聚乙烯(氯的质量分数小于 30%)。

但不能加有在热解过程中有含碳的残余物形成的物质如:铅盐、钴盐、石墨、酚醛树脂和其他树脂,沥青或纤维素等。

如果含有氧化铝或碳酸钙之类的无机配合剂,在热解温度下将引起分解、脱水或由于卤化聚合物存在而形成易挥发的卤化物,因此本方法的准确度将受到影响。

(1)试剂:

①氮气:干燥且不含有氧。

②氧气或空气:干燥气体。

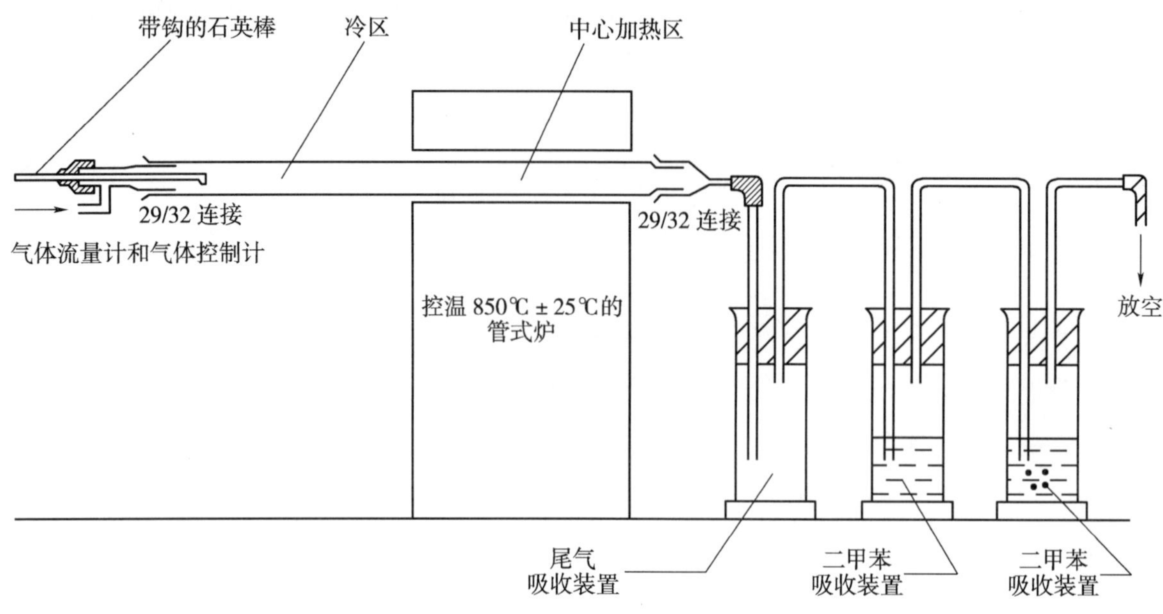

附图 A.8.2 管式炉装置

③二甲苯:化学纯。

④丙酮(GB 686—78):化学纯。

⑤乙醇—甲苯共沸物(ETA):混合 7 体积无水乙醇和 3 体积甲苯或混合 7 体积工业乙醇和 3 体积甲苯,然后与无水氧化钙(或生石灰)煮沸回流 4h,蒸馏共沸物,同时收集共沸物沸点和不超过共沸物沸点 1℃的馏分,用于试验。

(2)仪器:

①石英舟,长 50 ~ 60mm,一端带柄。

②管式炉装置见附图 A.8.2。

③燃烧管,由石英制得,其内径应足以令石英舟容易推入或取出。燃烧管至少要比管式炉长 30cm,管子的一端应备有氮气导入系统,另一端应备有热解过程中产生气体的导出装置。

④水平管式炉,其内径应足以令燃烧管伸入到管式炉的加热部分。管式炉由电加热,可控温在 850℃ ± 25℃,并配备有温度指示装置。

⑤带钩的石英棒,应有足够的长度可以整个穿过燃烧管和进气管,石英棒应与进气管中的橡胶管紧密接触。

⑥进气管,进气管供氮气,另配有短橡胶管可以紧紧插入石英棒,但仍可以推入和拉出燃烧管,进气系统所用管材应由增塑 PVC 或其他对氧和水蒸气低渗透的材料制成。

⑦气体吸收装置,包括与燃烧管出口相连接的橡胶管,橡胶管另一端与易凝聚的气体吸收器(2 个加二甲苯的气体洗涤瓶)相连。

⑧抽出装置,应符合 GB/T 3516 的规定。

⑨干燥器。

⑩马福炉,电加热,可控温在 850℃ ± 25℃。

(3)采样。

从实验室样品中取至少 1.5g 样品，最好从多个部位取样，以能代表整个样品。

(4)操作步骤：

①称取 0.1～0.5g 橡胶粉，精确到 0.1mg，并记录这个质量 m_0。用滤纸包好，经丙酮抽提 4h，或直到与试样接触的抽提液无色为止。如样品含有沥青，用二氯甲烷抽提 4h 或直到与试样接触的抽提液无色为止。

②从滤纸中取出已抽提过的试样放在 100℃ ± 3℃烘箱中烘干，至溶剂挥发尽。

③定量的将干燥后的试样放入石英舟内，再放入燃烧管靠近氮气入口处。

④用入口连接器关上燃烧管，并与氮气源连接，将燃烧管插入已加热至 850℃ ± 25℃的管式炉中，但让石英舟处在燃烧管冷端，管子的另一端与气体吸收装置相连。

⑤将氮气以 $200cm^3/min$ 流量通入燃烧管，通入氮气 5min 以上，以便清除燃烧管内的空气。

⑥降低氮气流量至约 $100cm^3/min$，在 5min 之内慢慢将石英舟移到燃烧管加热区。

⑦让石英舟放在加热区保持 5min，使试样完全裂解。

⑧将石英舟移到燃烧管的冷却端 10min，并保持燃烧管继续通氮气。

⑨将石英舟放入干燥器内，待完全冷却后，称量其质量(精确至 0.1mg)，记录此数据 m_1。

⑩把石英舟移入马福炉内，在 850℃ ± 25℃条件下，直到炭黑燃尽。

⑪将石英舟移入干燥器内，冷却至室温。

⑫称量石英舟的质量精确至 0.1g，记录此数据 m_2。

(5)结果的表示。

炭黑含量以炭黑的质量百分数 X 计，数值以百分数表示：

$$X(\%) = \frac{m_1 - m_2}{m_0} \times 100 \tag{A.8-6}$$

式中：m_0——试样的质量，g；

m_1——氮气中加热后石英舟和内容物的质量，g；

m_2——在氧或空气中炭黑燃烧后石英舟和残留物的质量，g。

A.8.3 硝酸消化法—橡胶中炭黑含量的测定(GB/T 7766—2000)

本标准规定了以硝酸消化法测定橡胶中炭黑含量的方法。

本试验方法的测定原理是：抽提过的试料用热的浓硝酸消化，将橡胶氧化成可溶碎片，炭黑和酸不溶性填料经过滤、洗涤、干燥后再进行灼烧，由灼烧前后减少的量反应炭黑的含量。

(1)试剂和仪器。

分析过程中要使用分析纯试剂和蒸馏水或相当纯度的水。

硝酸：$\rho = 1.42g/mL$；

盐酸：$\rho = 1.18g/mL$；

硫酸：$\rho = 1.84g/mL$；

氨水：$\rho = 0.91g/mL$；

硫酸铵；

丙酮；

丙酮—三氯甲烷混合液：1+1(V+V)；

盐酸溶液：1+7(V+V)；铬酸钠溶液：10%(m/m)；

酸洗石棉；

古氏坩埚：25mL；

古氏漏斗：ϕ36mm；

抽滤瓶：500mL；

恒温水浴；

恒温烘箱：温度可控制在110℃±2℃；

高温炉：温度可控制在550~600℃；

分析天平：分度值为0.1mg。

(2)操作步骤。

古氏坩埚的准备：

在古氏坩埚底部铺一张圆形定量滤纸，用湿法铺一层酸洗石棉，厚度以炭黑不透滤为宜(约1g)。在酸洗石棉上压一块多孔圆瓷片，于110℃±2℃恒温烘箱烘干，再转移到550~600℃高温炉灼烧至恒重备用。

分析步骤：

称取0.5g橡胶粉，精确至0.000 2g。用滤纸包好，按GB/T 3516规定的方法抽提。

将抽提后的试料转移到150mL烧杯中，在沸水浴上加热至没有三氯甲烷气味。加30mL硝酸盖上表面皿于沸水浴上消化。若按上述条件不能被消化，则首先在试料中加5mL硫酸和1g硫酸铵在沸水浴上加热约20min使其溶胀，冷却后加30mL硝酸消化至液面没有气泡为止。趁热把液体倒入准备好的古氏坩埚中，尽可能小心地把不溶物保留在烧杯里。用抽滤法缓慢地过滤，用热硝酸以倾析法充分洗涤(注意：洗涤后应倾空抽滤瓶)。用丙酮或丙酮—三氯甲烷混合液洗至滤液无色。用热的盐酸约20mL分4次把残渣洗涤到古氏坩埚中，再用温的盐酸溶液洗涤，转移，必要时可用一根带橡皮头的玻璃棒把烧杯中的残渣转移干净。用氨水中和最后的洗涤液至pH≈7，用铬酸钠溶液检测铅是否存在。如果有铅存在，继续用热盐酸洗涤，最后用温盐酸溶液洗涤。洗至无铅离子检出为止。取下古氏坩埚并擦净外壁，放入110℃±2℃的恒温烘箱中烘至恒重。再转移到550~600℃高温炉中灼烧至恒重。灼烧前后质量之差即为试料中炭黑质量的105%。

(3)分析结果的表述。

炭黑含量X以质量百分比(m/m)表示，按下式计算：

$$X(\%)=\frac{m_1-m_2}{1.05m}\times 100 \tag{A.8-7}$$

式中：m——试料质量，g；

m_1——古氏坩埚及内容物经110℃±2℃恒重后的质量，g；

m_2——古氏坩埚及内容物经550~600℃灼烧恒重后的质量，g；

1.05——测定值的经验系数。

(4)精密度。

二次测定值的差异不大于平均值的5%。

A.9 丙酮抽提物的测定(GB/T 3516—94)

本试验方法来自《橡胶中溶剂抽出物的测定》(GB/T 3516—94)。

将试样用合适溶剂抽提,称量它的抽出物或抽提后的试样质量。

(1)试剂仪器。

丙酮(GB/T 686);

三氯甲烷(GB/T 682);

甲醇(GB/T 683);

异丙醇(HG/T 3—1167);

丁酮;

甲苯(GB/T 684);

无水乙醇(GB/T 678);

丙酮—三氯甲烷混合溶剂:32份丙酮和68份三氯甲烷(体积比)混合。处理混合溶剂时应特别小心,防止和碱反应形成爆炸性混合物;

无水乙醇—甲苯混合溶剂:70份无水乙醇和30份甲苯(体积比)混合;

快速抽提器,见附图A.9。

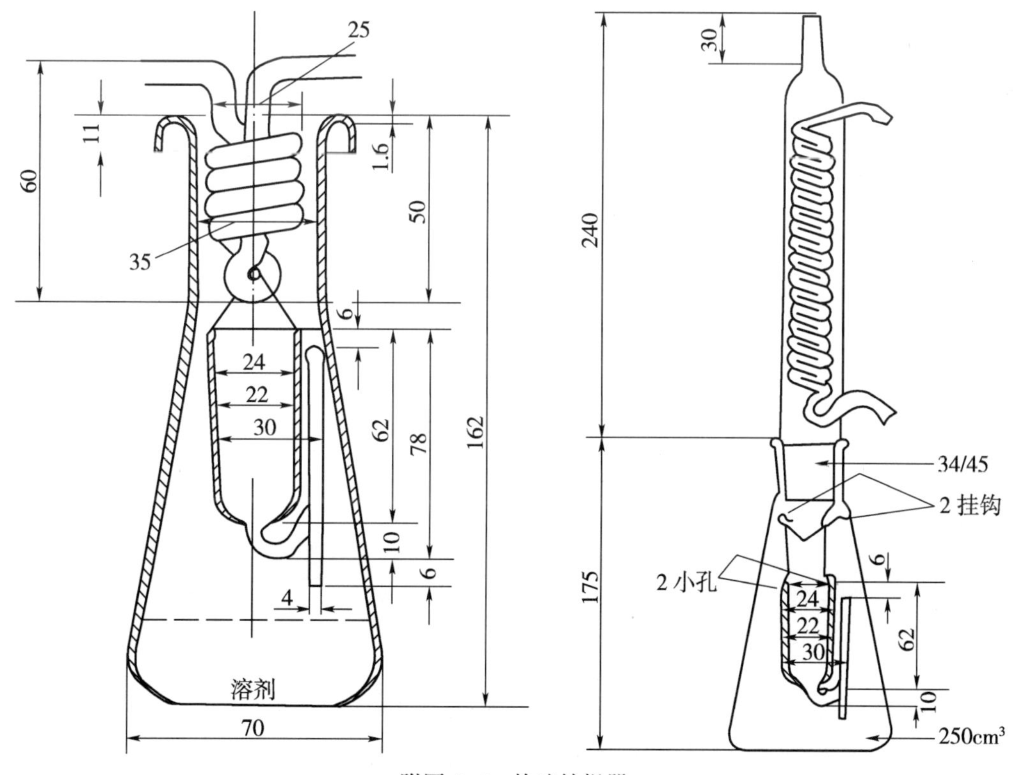

附图A.9 快速抽提器

(2)分析步骤。

称取橡胶粉 2g,精确至 0.001g。用滤纸包好放入快速抽提器的虹吸杯中。注入 100mL 溶剂,置于加热浴上回流抽提 6h ± 0.5h。抽提完毕,将试样风干后放入恒温箱内干燥 1h,取出置于干燥器中,冷却至室温后称量。

注:①对生胶按 GB/T 15340 所规定的方法制备试样。

②不同抽出溶剂选择不同的烘干温度:丙酮、丙酮—三氯甲烷混合剂、甲醇:70℃;异丙醇、丁酮:85℃;无水乙醇—甲苯混合溶剂:120℃。

(3)分析结果的计算。

溶剂抽出物以质量百分数表示,并按下式计算:

$$溶剂抽出物(\%) = \frac{m - m_3}{m} \times 100 \tag{A.9}$$

式中:m——试样的质量,g;

m_3——经抽提和干燥后试样的质量,g。

附录 B 橡胶沥青黏度的检测方法

B.1 Brookfield 黏度计黏度测定方法

本试验方法参考《公路工程沥青及沥青混合料试验规程》(T 0625—2000)方法,并根据橡胶沥青的特点,在对橡胶沥青黏度的试验方法和黏度测定影响因素全面分析的基础上,综合国内外的研究成果制定。

本方法采用 Brookfield 黏度计,SC4-27 号转子,测定不同转速下橡胶沥青的黏度,并回归橡胶沥青的黏度和黏度计扭矩之间的关系曲线,取 50% 扭矩的黏度作为橡胶沥青的黏度代表值。

B.1.1 仪器

Brookfield 黏度计(附图 B.1.1):采用 RVDV-II 型或其他 RV 型号黏度计,配备 SC4 系列的转子,SC4-21、SC4-27、SC4-28、SC4-29 等 4 种型号转子。转速范围:0.01 ~ 200r/min。测量精度:测量范围的 ±1.0%。

THERMOSEL 加热器:温度范围,15 ~ 300℃;控温精度,±0.1℃。

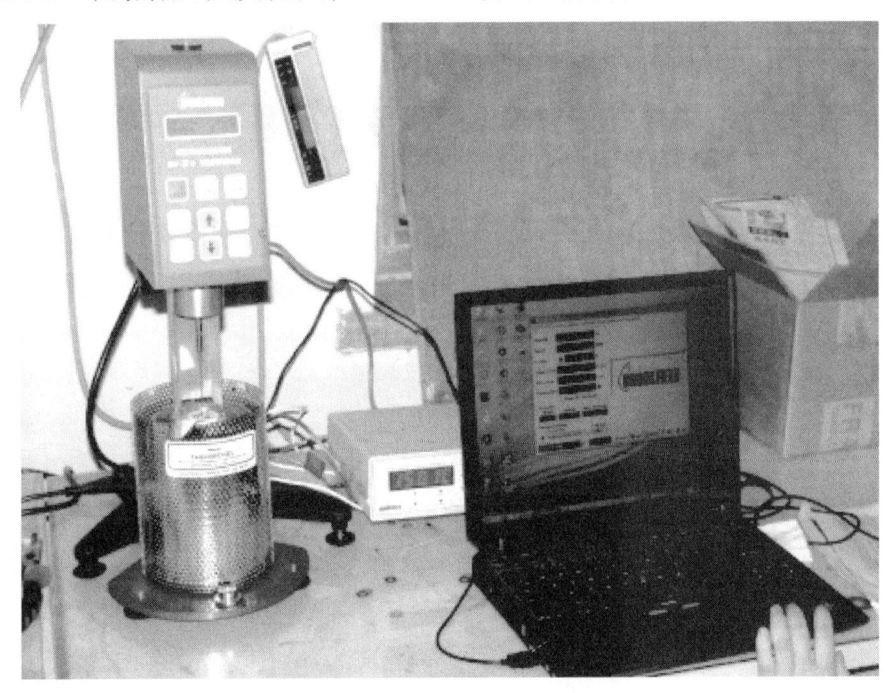

附图 B.1.1 Brookfield 黏度计

Wingather 或其他类型数据采集软件。

烘箱。

B.1.2 试验准备

将橡胶沥青加热到能倒出的温度，根据选用的转子，向黏度计试模内注入厂家规定的体积的橡胶沥青。灌模时严格按照厂家规定的体积要求（不同的转子对应不同的沥青体积）。为了保证灌入试模内的橡胶沥青的体积，尽量避免沥青粘在试模的侧壁上，如果试模的侧壁上粘有太多沥青须重新灌模。

将 THERMOSEL 加热器调到需要保温的温度，启动保温装置，盖上保温盖，将灌好模的橡胶沥青放入 THERMOSEL 加热器中保温 30min，并在测试前 15min 将转子放入沥青中保温。

注：由于橡胶沥青的黏度受加工温度和存储时间的影响，黏度计灌模时一定要尽量缩短重新加热和存储的时间，最好是加工完立即检测，使用前随时检测。

为了保证转子浸入沥青中的深度，灌入的沥青体积可略多于规定值要求，但不可少于规定值。

B.1.3 试验步骤

（1）取走黏度计转轴端部的保护盖，观看仪器上部和下部的水准仪，确定黏度计处于水平状态；打开黏度计的电源开关对仪器归零。

（2）取出选定的转子，并将其连接到延长杆上，轻托黏度计转轴的端部，逆时针拧上转子（为了保证黏度计的使用寿命，转子安装一定要轻拿轻拧），并在操作面板上确定所用的转子。

（3）在橡胶沥青保温 10min 以后，打开保温盖，将转子对准盛样器。旋转高度调节螺栓，将转子浸入沥青试样中，使校直支架的端部落在盛样器的挡板上，确保转子在盛样器的中央位置（在没有校直支架时一定要求保证转子纺锤部没入沥青中），保温 15min 以上。

（4）操作控制面板，选择连上计算机的模式，启动 Wingather 软件，设定所需要采集的数据数和数据采集方式，可手工采集，也可编制数据采集程序。

（5）在保温达到 30min 以后，估计橡胶沥青的黏度，选用较小的转速，启动仪器，并开始采集数据。随着转子的转动，沥青的黏度减小，在扭矩为 70% 以下时，改选用较大转速，直到橡胶沥青的黏度相对稳定，一般需要 10min 左右。

注：一般在 10s 以内的黏度波动必须在 0.5% 以内方可认为基本稳定了，在测试时一定要注意观察其规律性，一般来说在触变性阶段，随着测试时间的增长呈现黏度减小的规律性变化，如果持续的规律性变化比较显著，可以认为黏度仍未达到稳定阶段，到黏度只有小幅度的波动，或者基本不变时，可以认为黏度已经稳定。

（6）在橡胶沥青的黏度稳定后，改变转子的转速，测定扭矩在 10% ~ 100% 范围内的 4 个以上转速的黏度。由于总转数对黏度有一定的影响，在选用转速时，先测试较大的转速然后慢慢减小转子的转速。

为了减少人为误差，每选用一个转速，须稳定 3min 以上，并观察黏度值的变化趋势，如果数据继续减小，需延长稳定时间（在采用不同转速时，如果前面转速较快，沥青黏度较低，在调节成比较低的转速时，会出现黏度随时间的增加而增加的趋势，也必须等到测试结果相对稳定时,读取代表性的黏度值)。

在黏度稳定后,取采集的最后 6 个点(间隔 15s 或 10s)的平均值(最后 1min 的平均值)作为测试的黏度值。

(7)利用 Brookfield 黏度测定不同温度下的表观黏度,由于橡胶沥青的黏度较大,通常测定 135℃、160℃、180℃下,按以上方法测取橡胶沥青的表观黏度,绘制黏温曲线。

B.1.4 结果计算

(1)试验记录包括:样品品种、试验温度、转子、转速、扭矩、剪切应力、剪变率等,见附表 B.1.1。

附表 B.1.1 橡胶沥青黏度试验记录

试验日期:________________ 试验者:________________

沥青品种:________________

橡胶沥青加工方法及备注:

序号	黏度	转速	扭矩	剪切力	剪变率	转子型号	试验温度	读数时间
1								
2								
3								
4								
5								
6								
平均								

算取每个转速下最后采集的 6 个点的黏度平均值和扭矩平均值。

(2)分别求取每个转速下黏度的对数和扭矩的对数,绘制对数黏度和对数扭矩的关系曲线,对黏度的对数和扭矩的对数进行直线回归,相关系数在 0.96 以上。用插值法求 50%扭矩的橡胶沥青黏度。为了和规范中 20r/min 的表观黏度比较,也可利用转速—黏度关系,算取 20r/min 转速的黏度,作为表观黏度代表值(计算方法同 50%扭矩的黏度),见附表 B.1.2,附图 B.1.2。

附表 B.1.2 黏度试验计算表

序号	扭矩(%)	黏度(10^{-3}Pa·s)	扭矩对数	黏度对数	关系曲线	R^2
1						
2						
3						
4						
反算结果	50		1.7			
		求取黏度		反算 50%扭矩的黏度对数		

注:由于普通沥青和橡胶沥青不同,在对普通沥青进行黏度测量时,转速对黏度的影响非常小,对数扭矩和对数黏度之间没有明显的相关性,在黏度计稳定以后,求取最后 3min 的平均值即可,也可变化转速求取平均值。

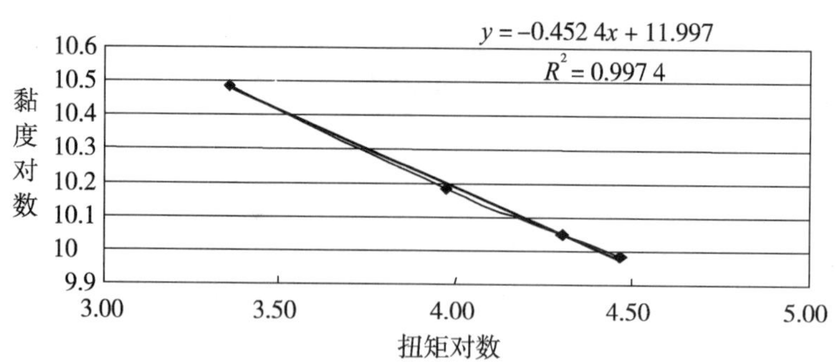

附图 B.1.2　扭矩对数—黏度对数回归关系曲线

B.2　便携式黏度计黏度测定方法

本方法采用便携式黏度计对现场的黏度进行测定。将恒速旋转的转子插入到被测量液体中，测定由黏度所致对转子运动的阻力，直接在显示屏上读取黏度。

B.2.1　仪器

便携式黏度计(附图 B.2.1)：选用用于高黏度测量的便携式黏度计，国内外常用的便携式黏度计的品牌有 Haake 和日本理音。测量精度：指示值的 ±10%之内。

配备三种型号的转子。

3 号测量转子：0.3～13dPa·s(与 3 号测量杯一起使用)；

1 号测量转子：15～150dPa·s(与 JIS300mL 烧杯一起使用)；

2 号测量转子：100～4 000dPa·s(与 JIS300mL 烧杯一起使用)；

保温装置：保温精度 1℃；

温度计。

附图 B.2.1　便携式黏度计

B.2.2　试验准备

(1)便携式黏度计的校正。

在室内对同一份橡胶沥青按照要求取样后，测试同一温度下，Brookfield 黏度计和便携式黏度计的黏度，须有 5 个以上的样本点，建立两者之间的相关关系，以此作为便携式黏度计的校正公式。

(2)现场试样的准备。

对现场的沥青取样，如果采用相对于转子无限大的容器装置，用温度计测定取样的温度，精确到 1℃(这种情况下测得的黏度，需根据仪器的精度要求进行修正，一般仪器说明书中有修正方法)。

如果现场采用黏度测定规定的烧杯,由于容器较小,在室温下降温较快,需配置相应的保温装置,保温精度为 1℃,并再保温 30min,温度稳定以后开始测量。

B.2.3 测量步骤

握住黏度计或把黏度计安装到给定的支架上,用黏度计主机上的水准仪验证黏度计是否处在近似水平位置。

把测量转子放在测量杯的中央,直至沥青浸到测量转子上液体标记中央附近。

以箭头反方向移动黏度计主机上的仪表计量指示针夹。

把电源开关拨到接通(ON)位置。

当测量转子开始旋转时,仪表计量指示针显示的黏度偏大,随着测量时间的延长,黏度值相对稳定。从所用测量转子规定的标尺读出黏度值。

当测量完成时,把电源开关拨到断开(OFF)位置,在仪表指示针已返回到原来位置后,以箭头方向移动黏度计主机上的仪表计量指示针夹把仪表计量指示值紧固好。

注:在室内保温装置精度不高时,由于橡胶沥青的黏度随时间的增长逐渐减小,而在室温下沥青的降温较快,求取稳定的黏度值难度较大,试验的离散也很大。

B.2.4 结果计算

取 3 次以上测量的平均值。并根据建立的便携式黏度计和 Brookfield 黏度计算的相关关系对黏度值进行修正。

附

北京市废胎胶粉沥青及混合料设计施工技术指南

条 文 说 明

1 总则

1.0.2 我国是汽车生产和使用的大国，每年产生的废旧轮胎逐年迅速增长，将废轮胎粉碎成橡胶粉在沥青路面结构中使用是世界公认的环保再生利用的手段之一，也符合我国当前发展循环经济、资源再生利用的国策。

1.0.3 使用橡胶（粉）沥青混合料降低路面的行车噪声早已得到国际上的公认。1981年，比利时科学家在布鲁塞尔首先证明了橡胶（粉）沥青混凝土的减噪效果。随后世界各国相继开展了这方面的研究，修筑了大量的试验路。附表1-1为美国几个州相应的研究结果。

附表1-1 美国一些州使用橡胶沥青路面的减噪效果

州	城市	年份	减噪效果
亚利桑那	Phoenix	1990	10dB
	Tucson	1989	6.7dB
加利福尼亚	Sacramento	1993	7.7~5.1dB
	Orange	1992	3~5dB
	Los Angeles	1991	3~7dB
	San Diego	1998	项目正在进行
得克萨斯	San Antonio	1992	未提供数据
俄勒根	Corvallis	1994	未提供数据

北京市顺义橡胶沥青混凝土试验路检测表明，采用橡胶沥青后，沥青路面的行车噪声比北京市常用的SMA路面可降低2~3dB，相当于交通量减少30%~50%。

1.0.4 根据生产工艺的不同，橡胶（粉）沥青混凝土有干拌法和湿拌法两种，这两种混合料的路用性能有所差异，干拌法生产的混合料高温稳定性好；而湿拌法生产的混合料在低温抗裂、抗水损坏以及降低行车噪声等方面具有明显优势。因此，在使用橡胶粉时，应根据不同的使用目的，采用不同的生产工艺，以充分发挥橡胶粉的作用。

1.0.6 国外研究表明，橡胶（粉）沥青混凝土在用于老路改建工程时，对减少路面的反射裂缝，提高路面的整体承载能力都十分有利，在相同的使用效果前提下，适当使用废旧橡胶粉可减薄沥青混凝土面层的厚度。附表1-2、附表1-3为《美国加利福尼亚州橡胶沥青混凝土技术指南》分别从承载能力和减少反射裂缝角度，提出的橡胶沥青混凝土与一般沥青混凝土厚度的对比表。

附表 1-2 按结构整体强度标准减薄面层厚度

DGAC	ARHM-GG	ARHM-GG + SAMI
0.15	0.10	—
0.20	0.10	—
0.25	0.15	0.10
0.30	0.15	0.10
0.35	0.20	0.15
0.40	0.20	0.20
0.45	—	0.20

附表 1-3 按减少反射裂缝标准减薄面层厚度

DGAC	ARHM-GG	ARHM-GG + SAMI
0.15	0.10	—
0.20	0.10	—
0.25	0.15	—
0.30	0.15	—
0.35	0.15 ~ 0.20	0.10

注:DGAC 为连续级配密实型沥青混凝土,ARHM-GG 为断级配橡胶粉沥青混合料,SAMI 为橡胶沥青应力中间吸收层。

从附表 1-2、附表 1-3 中数据可以看出,无论是承载能力标准还是减少反射裂缝标准,沥青混凝土中掺加橡胶粉后,沥青面层的厚度可减薄 30% ~ 70%,当沥青结构层中使用橡胶沥青的应力吸收中间层时,厚度还可以进一步减薄。

2 术语、代号

2.1.1 为了保证橡胶粉质量的稳定，本指南强调使用来自于废汽车轮胎经过粉碎的胶粉，对于其他来源的橡胶粉不属于本指南的技术范围。同时，国内外对于较粗的橡胶粉又称为橡胶颗粒，本指南为了统一术语，并根据北京市实际工程使用的橡胶粉细度，故统一称为废胎胶粉，或橡胶粉。

2.1.6 一般来说，橡胶沥青的工程概念比较广泛，凡是橡胶类材料改性的沥青均可广义称为橡胶沥青，如 SBS 改性沥青、SBR 改性沥青等。本指南橡胶沥青是狭义概念，专指废胎胶粉与沥青拌和的产物。

2.1.7 橡胶改性沥青中尽管也掺加一定比例的废胎胶粉，但其掺加量一般比较少(10%左右)，并掺加其他聚合物改性剂，最终的改性产品与橡胶沥青的路用性能有较大差别，且造价较高。为了与橡胶沥青区别，将其称为橡胶改性沥青。

3 材料

3.1.1 汽车轮胎在加工过程中,有多达数十种的各种添加成分,其中合成胶和天然胶是其中最主要的成分。为了便于使用,根据轮胎中合成胶和天然胶的含量比例,将路用的废胎胶粉分为子午胎胶粉和斜交胎胶粉两大类。子午胎胶粉中主要成分是合成胶,天然胶含量较低,而斜交胎胶粉中天然胶为主要成分,合成胶成分较低。实验表明,在相同剂量的条件下,斜交胎胶粉生产的橡胶沥青的路用性能好于子午胎胶粉,且相同条件下,斜交胎胶粉和子午胎胶粉对沥青性能改善的大小和趋势并不完全一样。现将大量试验结果按轮胎种类分类,进一步汇总,根据不同指标的平均值绘制柱状图(附图 3-1)。为了便于比较分析,图中将有些指标进行了等比例缩放(其中针入度指数放大 5 倍,黏度缩小 100 倍,弹性恢复放大 50 倍),绘制在一张图中。

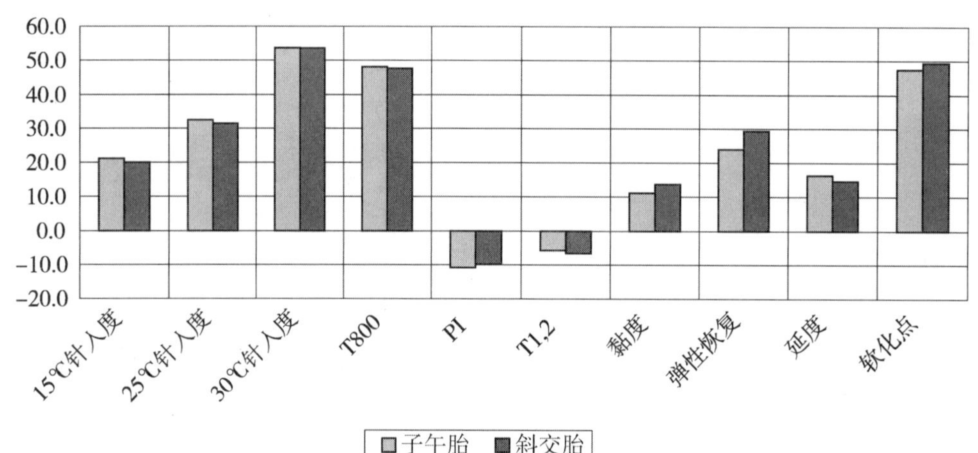

附图 3-1 两种轮胎胶粉改性沥青指标比较

由图中曲线看出,斜交胎橡胶沥青的针入度小于子午胎橡胶沥青(15℃、25℃、30℃),软化点、黏度、弹性恢复、针入度指数等指标大于子午胎橡胶沥青,当量脆点、5℃延度及当量软化点小于子午胎橡胶沥青。因此,总体来说斜交胎橡胶沥青明显好于子午胎橡胶沥青。

我国目前生产的废胎胶粉主要以斜交胎为主,而欧美国家则绝大部分为子午胎。这是我国废胎胶粉与欧美国家胶粉的一个显著差别。

废轮胎橡胶是一种弹性高分子化合物,在通常情况下,将他们粉碎到足够的细度十分困难,为克服废轮胎橡胶机械粉碎时的弹性、韧性和黏性,胶粉的生产工艺通常有:液氮低温冷冻法、常温研磨及化学试剂法 3 种。不同的生产工艺会影响胶粉的形状与表面状态,这主要是粉碎前,不同的处理方法对废轮胎橡胶物理性能改变机理不同而造成的。常温法并没有对废轮胎橡胶作粉碎前处理,主要靠特殊结构刀具的剪切和研磨撕扯力,生产的胶粉颗粒形状不规则,表面凹凸,呈毛刺状或羽状;而液氮低温冷冻法主要在液氮冷媒作用下将橡胶冷冻至“脆化温度”再加以粉碎，生产的胶粉颗粒形状规则，表面平滑，呈锐角状态；化学试剂法则使用可逆化学添加剂使废橡胶“溶胀”而部分破坏橡胶分子间的网状结构，降低其弹性和韧性，提高其可粉碎性。一般认为表面毛刺多、成羽状的胶粉比表面大，活化能高，用于生产橡胶沥青会有更好的性能。因此，生产工艺的要求是为了控制胶粉颗粒的表面状态。各国技术标准对生产胶粉所用工艺有明确要求，南非、美国 Florida、Texas 要求在胶粉生产的各个环节不容许采用低温方法。Caltrans 规定胶粉可以采用低温初加工，但最终还要经过常温研磨。在澳大利亚，胶粉要求在常温下加工，同时破碎之前对橡胶进行拉伸，其目的是使胶粉表面多孔，增加表面积，与低温加工相比，前者体密度低，反应更容易。

3.1.2 各国对胶粉的级配都作出了要求(见附表 3-1)，从中可以看出国外使用胶粉的细度从 16 目到 100 目，并要求胶粉的最大颗粒不得大于 2.36mm。有的地区还根据需要将胶粉的粗细进一步分级，如 Arizona 与 Florida。澳大利亚则是根据橡胶沥青用途，将胶粉分为洒布用橡胶沥青胶粉与混合料用橡胶沥青胶粉两种，与后者相比前者要粗。相对而言，Florida 州使用较细的胶粉，这与其采用 Terminal blend 技术及低胶粉掺量、低反应时间有关。

附表 3-1 国外路用橡胶粉规格

目数		8	10	16	20	30	40	50	70	90	100	200
粒径(mm)		2.36	2	1.18	—	0.6	—	0.3	—	—	0.15	0.075
California	CRM	100	98 ~ 100	45 ~ 75	—	2 ~ 20	—	0 ~ 6	—	—	0 ~ 2	0
	HNCRM	—	100	95 ~ 100	—	35 ~ 85	—	10 ~ 30	—	—	0 ~ 4	0 ~ 1
Arizona	A	100	95 ~ 100	0 ~ 10	—	—	—		—	—	—	—
	B	—	100	65 ~ 100	—	20 ~ 100	—	0 ~ 45	—	—	—	0 ~ 5
Florida	A	—	—	—	—	—	100	—	90 ~ 100	70 ~ 90	—	35 ~ 60
	B	—	—	—	100	—	85 ~ 100	—	10 ~ 50	5 ~ 30	—	—
	C	—	100	—	85 ~ 100	—	20 ~ 60	—	5 ~ 20	—	—	—
Texas		—	—	100	—	90 ~ 100	45 ~ 100	—	—	—	—	—
澳大利亚 新南威尔士州	混合料	—	—	100	—	> 60	—	—	—	—	< 20	—
	洒布	100	—	> 80	—	< 10	—	—	—	—	—	—
澳大利亚 维多利亚州	混合料	—	—	100	—	70 ~ 100	—	—	—	—	< 5	—
	洒布	100	—	95 ~ 100	—	—	—	—	—	—	< 10	< 2
澳大利亚 西澳州	混合料	—	—	100	—	80 ~ 100	—	—	—	—	0 ~ 20	—
南非		—	—	100	—	50 ~ 70	—	—	—	—	—	0 ~ 5

我国废胎橡胶粉的生产多以目数作为粗细的标准，为了便于统一、使用方便，路用橡胶粉也以目数为标准。目数也是一个相对比较集中的级配范围。在实际使用过程中，可以使用单一目数的胶粉，也可将 2 ~ 3 个不同目数的胶粉搭配使用，以达到某种技术要求。

从目数角度讲，路用橡胶粉不宜过粗，也不宜过细。过粗的胶粉，混合料不宜碾压成型，且技术指标较低；过细的胶粉（如大于100目）不仅价格昂贵，而且试验表明，其技术指标并不是最佳。

根据室内试验和实际工程经验，我国目前生产的斜交胎橡胶粉在相同掺量的条件下，其路用性能优于子午胎胶粉，这主要得益于其具有较高的天然胶含量。因此本指南推荐选用斜交胎胶粉，但并不是说子午胎胶粉就不能采用。在实际工程中可以通过增加橡胶粉的掺量或其他外掺剂（如国外有些规范提出添加高天然胶含量的胶粉），并通过试验验证，满足有关的技术要求，就可以使用。

3.1.3 橡胶粉的密度与橡胶粉成分及目数有关。规定橡胶粉密度，对橡胶粉中成分有一定控制作用，同时控制一定密度可以减少在橡胶沥青加工中橡胶粉的上浮与下沉，保证橡胶沥青的均匀性。橡胶粉的密度根据检测方法的不同有相对密度、堆积密度、倾注密度等，国外有关指南和规范中一般采用相对密度指标（见附表3-2），且试验方法比较简单，故本指南选择该指标作为评价橡胶粉密度的指标。

附表3-2 国外有关路用橡胶粉的物理技术指标要求

项　　目	相对密度	水　　分	金属含量	纤维含量
单位	—	%	%	%
Florida	1.10±0.06	<0.75	<0.01	要求
Arizona	1.15±0.05	—	—	A:0.1 B:0.5
California	1.10~1.20	—	0.01	0.05
Texas	—	<0.75	—	0.1
南非	1.10~1.25	—	—	—

同时，从国外规定的密度范围看，一般在1.04~1.25之间，澳大利亚要求胶粉的体密度不大于350kg/m^3。结合我国生产的橡胶粉密度情况（见附表3-3），本指南规定的范围为1.10~1.30。

附表3-3 国内几种橡胶粉密度测试结果

常温橡胶粉的容量瓶法密度			冷冻橡胶粉容量瓶法密度		
橡胶粉规格	实测相对密度	偏差系数 C_v(%)	橡胶粉规格	实测相对密度	偏差系数 C_v(%)
40目	1.257 6	1.68%	80目	1.178 8	0.25%
80目	1.188 4	1.45%	120目	1.203 4	0.25%
120目	1.327 3	1.41%	—	—	—

另外，对于胶粉还要求分离金属、纤维等杂质。为了使胶粉不结团，要求其保持干燥。为保证胶粉有一定流动性，国外有关标准规定可以在胶粉中掺加一定量的碳酸钙或滑石粉，一般剂量在2%~4%。

金属含量和纤维含量主要分别针对子午胎和斜交胎的胶粉制定。子午胎在生产过程中含有一定比例的钢丝，当粉碎成胶粉时，应将这些钢丝除净，但由于生产工艺的原因，在橡胶粉中会残留一些钢丝屑,这些钢丝屑的存在不仅对橡胶沥青及混凝土技术性能产生影响,而且对橡胶沥青的生产设备(如沥青泵),造成过快的磨损,因此对于子午胎橡胶粉应严格控制其中的金属含量。

在斜交胎生产的橡胶粉中会产生一些纤维,这些纤维来自于轮胎内部的纤维布,经粉碎成为纤维。这些纤维主要是聚酰胺纤维(尼龙)和聚酯纤维(涤纶),其有利于增加混合料的矿料表面的沥青膜厚度,改善混合料的水稳定性。因此橡胶粉中含有一定的纤维对混合料的性能是有利的。但另一方面,为了保证工程质量的稳定,为同一工程生产的橡胶粉中的纤维含量应该是稳定的,不能经常变化。如果需要掺加橡胶粉的纤维以改善混合料性能,纤维的含量应有有效的工程控制措施,纤维的掺量一般不宜超过橡胶粉质量的10%,纤维长度不宜大于6mm,且不能呈编织状态。

3.1.4 橡胶粉的化学成分包括:合成橡胶、天然橡胶、炭黑及灰分等,其中,天然胶含量的不同,严重影响橡胶沥青的性质。最新数据表明,轿车轮胎的天然胶与合成胶含量分别是16%、31%;载货汽车轮胎分别是:31%、16%。增加天然胶含量,可以加快橡胶沥青反应速度,增加橡胶沥青黏附性。对于天然胶含量,南非要求较高,大于30%。California要求胶粉的25%采用高天然胶含量的胶粉(HNC),因此,其天然胶含量在26%以上,而Florida要求相对较低。高天然胶含量CRM,可以提高沥青与碎石的黏结,对于Chipseal显得更为重要,附表3-4为国外路用橡胶粉化学成分要求。

附表3-4 国外路用橡胶粉化学成分要求

项目		丙酮提取物	灰分	炭黑含量	橡胶烃含量	天然橡胶含量	拉伸强度	弹性恢复	弹性损失
单位		%	%	%	%	%	MPa	%	%
California	CRM	6~16	≤8	28~38	42~65	22~39	—	—	—
	HNC	4~16	—	—	≥50	40~48	—	—	—
Arizona		6~16	≤8	28~38	42~65	22~39	—	—	—
Florida		≤25	≤8	20~40	40~55	16~45	—	—	—
南非		—	—	—	—	>30	—	>40	>60

橡胶粉有效成分的分析应由有资质的检测单位进行检测,并出具相关、有效的检测报告,合格后方可使用。

3.2.1 橡胶沥青的使用一般分为洒布型和拌和型。洒布型是将橡胶沥青直接洒布在路面的某个结构层上,作为某种功能层使用,如防水黏结层、应力吸收层或者碎石封层等,其效果好于一般的SBS改性沥青。我国高等级道路上最早使用的应力吸收层就是采用橡胶沥青,经过长达近10年的使用考验,对延缓半刚性路面的反射裂缝,减少水损坏起到重要的作用。美国California的规范中明确指出当采用橡胶沥青作为应力吸收层(或称防水黏结层)可减薄沥青面层厚度1/4~1/3。在澳大利亚一些高速公路和干道上采用橡胶沥青碎石封层作为表面层起到良好的效果。

拌和型是指橡胶沥青与级配矿料相拌和生产橡胶沥青混合料(湿拌工艺),这种方法在美国 California、Arizona、Texas、Florida 等州和南非、澳大利亚等国家使用比较普遍。一般作为抗滑表层使用,具有十分显著的降低行车噪声的效果。同时,南非研究认为,对于超载或重载交通使用橡胶沥青混凝土有显著的效果。

3.2.2 与其他改性沥青相同,基质沥青对橡胶沥青的品质有重要影响。基质沥青的选择在一定程度上受当地的气候条件影响,一般来说,各国采用的是道路常用的普通沥青或软一等级的普通沥青。在南非,对于混合料用橡胶沥青,其基质沥青为 B12、B8(针入度分别为 60/70、80/100)两种,用于洒布时,采用的基质沥青为 80/100,150/200 两种针入度级沥青。而澳大利亚,对于洒布采用 C170,用于热拌混合料采用 C170、C230。这两个国家的共同点是:用于洒布时的基质沥青相对于混合料的偏软。California 优选采用 AR4000,也采用 AR2000,在寒冷地区采用 AR1000。Arizona 州对于基质沥青采用 PG 分级,主要有 PG 64-16、PG 58-22、PG 52-28 三种,分别适用于:热区、温区及寒区。在 Florida,低掺量(5%、12%)时采用 AC30、高掺量(20%)时采用 AC20,前者硬于后者。与我国标准对比,相当于我国的 90 号或 70 号沥青,也采用 50 号。对于北京地区通常使用的重交 90 号沥青,可选用针入度较低的基质沥青(针入度 80~90)加工橡胶沥青,或者采用 70 号沥青。

3.2.3 橡胶粉和沥青在高温拌和过程中会产生比较复杂的反应过程,橡胶粉会吸收沥青中的一些轻质油分产生溶胀,甚至产生脱硫反应,而橡胶粉又不会完全溶解在沥青中。因此在高温条件下,橡胶沥青处在一个不稳定的状态。在国外使用比较成功的地方,为了避免或减小这种不稳定状态对其使用性能的影响,一般均是采用现场加工的方式。同时,在橡胶沥青的加工过程到使用前应一直保持橡胶沥青的流动状态,防止产生离析。

3.2.4 为了区别其他的橡胶改性沥青,美国 ASTM 规定橡胶沥青中胶粉掺量至少为 15%(内掺),相当于外掺的 17.6%。美国各州的要求在 17%~20%之间(相当于外掺的 20.5%~25%),其中 California 要求使用延展油,占沥青量的 2.5%~6%,同时胶粉中的 25%为高天然胶含量胶粉。Florida 在采用较低剂量胶粉时,结合使用了 Terminal blend 技术。在南非,橡胶粉剂量在 18%~24%(相当于外掺的 22%~31.6%),同时添加 2%~4%的延展油。而澳大利亚,对于洒布用橡胶沥青,胶粉剂量根据使用环境不同,从 5%到 25%;对于沥青混合料用的橡胶沥青,胶粉剂量在 25%左右。

由于橡胶粉和基质沥青的品质不同,为了达到某种路用性能,橡胶粉的掺量也是不一样的,有时会有较大的差异。因此,在实际工程中,应根据技术要求,通过比较详细的室内试验,确定橡胶粉的掺量。

3.2.5 橡胶沥青技术标准是整个技术指南的核心。在各指南中,虽规定有所差异,但其核心指标是:针入度(锥入度)、软化点、弹性恢复及黏度。

ASTM、FHWA 及 Arizona 州技术标准是根据不同气候区,将橡胶沥青分为 3 档,分别适用于热区、温区及寒区(附表 3-5 ~ 附表 3-7)。其中,1992 年 FHWA、1997 年 ASTM 标准是以针入度标准进行分级;而 Arizona 州根据基质沥青进行分级,其指标只有一个黏度。Florida 是按胶粉掺量进行分类,对应于 5%、12%、20% 的掺量分别是:ARB5、ARB12、ARB20。California、Texas、南非标准没有分级(见附表 3-8 ~ 附表 3-10)。FHWA 技术要求为 1992 年版,其指标是在普通沥青指标基础上提出的。因此,关于软化点、弹性恢复指标规定较低,给出延度指标,但没有黏度指标。Arizona 与 ASTM 标准较为接近,ASTM 标准是在 Arizona 标准基础上提出的。有关老化后指标,仅 FHWA 与 ASTM 提出,可见,橡胶沥青在老化方面不存在问题。

附表 3-5　美国 FHWA 胶粉改性沥青技术标准(SA-002-1992)

项　目		热区(ARB-1)	温区(ARB-2)	寒区(ARB-3)
针入度 25℃		25 ~ 75	50 ~ 100	75 ~ 150
软化点		> 54	> 49	> 43
延度 4℃(1cm/min)		> 5	> 10	> 20
弹性恢复		> 20	> 10	> 0
TFOT	针入度比(%)	> 75	> 75	> 75
	延度比(%)	> 50	> 50	> 50

附表 3-6　ASTM 橡胶沥青技术标准(D6114-97)

项　目		1　型	2　型	3　型
黏度 Pa·s(175℃) D2196 方法 A	min	1.5	1.5	1.5
	max	5.0	5.0	5.0
25℃针入度 100g、5s		25 ~ 75	25 ~ 75	50 ~ 100
4℃针入度 200g、60s	min	10	15	25
软化点℃	min	57.2	54.4	51.7
弹性恢复 25℃%	min	25	20	10
闪点℃	min	232.2	232.2	232.2
TFOT 后针入度比 4℃	min	75	75	75

附表 3-7　Arizona 州橡胶沥青技术标准

项　目	A　型	B　型	C　型
基质沥青等级	PG64-16	PG58-22	PG52-28
旋转黏度 177℃ Pa·s	1.5 ~ 4.0	1.5 ~ 4.0	1.5 ~ 4.0
针入度 4℃(200g、60s)(ASTM D5)	10	15	25
软化点(ASTM D36)(℃)	57	54	52
弹性恢复 25℃(%)(ASTM D5329)	30	25	15

附表 3-8　Florida 橡胶沥青技术标准

橡胶沥青类型	ARB5	ARB12	ARB20
胶粉类型	TYPE A 或 B	TYPE B 或 A	TYPE C 或 B 或 A
胶粉最小用量(占沥青量)	5%	12%	20%
基质沥青	AC30	AC30	AC20
最小温度(℃)	150	150	170
最大温度(℃)	170	175	190
最小反应时间(min)	10	15	30
密度 15℃	8.6 1.03kg/L	8.7 1.04kg/L	8.8 1.05kg/L
黏度(旋转)不小于	0.4Pa·s(150℃)	1.0Pa·s(150℃)	1.5Pa·s(175℃)

附表 3-9　南非胶粉改性沥青标准

项　　目	技 术 要 求	试 验 方 法
压缩恢复(℃) 5min 1h 4d	 80 ~ 100 70 ~ 95 25 ~ 55	Sabita BR3T
软化点(℃)	55 ~ 62	ASTM D36
弹性恢复(%)	15 ~ 35	Sabita BR2T
流值	15 ~ 55	Sabita BR4T
黏度 Haake 190℃	2.0 ~ 5.0Pa·s	Sabita BR5T

附表 3-10　Texas、California 橡胶沥青技术标准

项　　目	Texas		California	
	技术要求	试验方法	技术要求	试验方法
黏度,Haake(Pa·s)	1.5 ~ 4.5 177℃	—	1.5 ~ 4.0 191℃,现场	—
锥入度(25℃,150g,5s)	> 20	ASTM D 1191	25 ~ 70	ASTM D 217
软化点(℃)	> 57	Tex-505-C	52 ~ 74	ASTM D 36
弹性恢复,25℃(%)	> 15	ASTM D 3407	18	ASTM D 3407

由于胶粉颗粒的存在,尤其是采用相对粗颗粒胶粉时,橡胶沥青针入度受胶粉颗粒影响存在很大离散性,且不敏感于胶粉掺量的变化。因此,California、Texas 用 25℃的锥入度代替针入度。同针入度试验相比,锥入度试验能够明显区分不同胶粉掺量的胶粉改性沥青胶浆的剪切性能。FHWA、ASTM、Arizona 采用针入度,其中 Arizona 采用 4℃针入度,其质量与时间有所变动,而 ASTM 则两者均有,看来标准的 25℃针入度已不适用于橡胶沥青。

橡胶沥青各指标中的关键指标是黏度,黏度采用的是旋转黏度。各标准中,黏度范围在 1.5 ~ 5.0Pa·s 之间。一般的黏度测量温度范围在 175 ~ 180℃之间,而 California、南非给出的是现场采用 Haake 黏度计测量的黏度标准,其测量温度在 190℃。另外,California、南非对于黏度的要求相对高些，这与 California 使用高天然胶含量胶粉及两者均使用较高胶粉剂量有关。同时，当橡胶沥青的黏度不能满足要求时应采取增加胶粉掺量、降低反应温度、增加反应时间等措施。

由于胶粉颗粒存在，橡胶沥青延度的测量受到影响，拉断的断口宽而齐，除早期 FHWA有低温延度指标外，其他标准均没有。另外，南非没有给出针入度指标，但提出压缩恢复及流值两个新指标。

根据以上国外橡胶沥青的技术指标体系，结合我国当前普通沥青、改性沥青的技术指标体系，本指南确定的橡胶沥青技术指标主要为：黏度、针入度、软化点、弹性恢复和相应的老化指标。

黏度采用旋转黏度计的 180℃表观黏度。附表 3-11 为几种不同橡胶沥青的黏度试验结果。从表中数据看出：随着橡胶粉掺量的增加，橡胶沥青的黏度呈指数关系急剧增长，见附图 3-2。同时表中对比了基质沥青为 70 号和 90 号时，橡胶沥青的黏度水平，可以看出在相同掺量 20%时，70 号基质沥青的橡胶沥青黏度比 90 号沥青提高了 30% ~ 50%。

附表 3-11　不同橡胶沥青的 180℃黏度(Pa·s)

沥青品种	5%		10%		15%		20%		25%	
	50% 扭矩	20 r/min	50% 扭矩	20 r/min	50% 扭矩	20 r/min	50% 扭矩	20 r/min	50% 扭矩	20 r/min
90 号 + 80 目斜交胎橡胶粉	—	—	—	—	0.518	0.715	0.716	1.352	1.412	1.967
90 号 + 40 目斜交胎橡胶粉	—	—	—	—	—	—	0.741	1.202	1.209	2.194
90 号 + 120 目橡胶粉	0.098	0.098	0.158	0.158	0.258	0.342	0.725	1.114	1.157	1.750
90 号 + 80 目橡胶粉	0.114	0.114	0.223	0.262	0.558	0.595	1.142	1.537	5.134	4.819
90 号 + 40 目橡胶粉	0.122	0.122	0.274	0.364	0.483	0.705	0.956	1.378	3.370	4.171
90 号 + 16 目橡胶粉	0.064	0.064	0.231	0.473	0.856	1.869	0.665	1.347	1.240	2.960
90 号 + 40 目 + 20% 试验路现场	—	—	—	—	—	—	1.488	2.033	—	—
平均值	0.099	0.099	0.222	0.314	0.535	0.845	0.919	1.423	2.254	2.977
70 号 + 80 目斜交胎橡胶粉	—	—	—	—	—	—	1.271	2.029	3.133	3.779
70 号 + 80 目橡胶粉	—	—	—	—	—	—	2.006	2.573	—	—
70 号 + 80 目橡胶粉	—	—	—	—	—	—	0.958	1.088	—	—
70 号 + 80 目广东橡胶粉	—	—	—	—	—	—	1.283	1.762	—	—
平均值	—	—	—	—	—	—	1.379	1.863	—	—

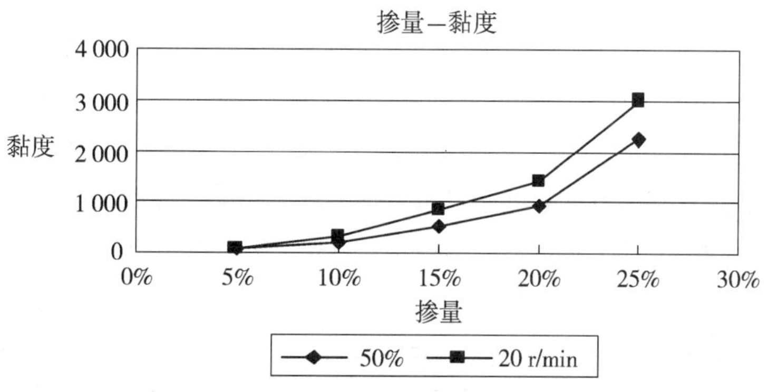

附图 3-2　橡胶沥青黏度随橡胶粉掺量的变化而增长(AH-90 号)

此外,表中对相同的橡胶沥青黏度采用了两种不同的取值方法。一种是选取旋转扭矩为50%时的黏度,另一种是采用国外常用的SC4-27号转子20r/min时的黏度。从数据上看结果并不相等,且橡胶粉掺量较高时,差值越大。根据旋转黏度计合理有效的测量范围一般为扭矩的10%~90%,当扭矩过大或过小时,测量的黏度都是不准确的。同时,试验表明当转速为20r/min时,其扭矩比较小,接近临界值,一般为20%左右。从保证试验结果的可靠性角度,本指南推荐采用50%扭矩时的黏度值。在试验过程中一般采用SC4-27号转子,采用4~5种不同转速进行黏度测定,并记录相应的扭矩(扭矩应在有效范围内),绘制扭矩与黏度的关系曲线,并通过内插得到50%扭矩条件下的黏度。

根据国外橡胶沥青的黏度范围,汇总为1.5~5.0Pa·s,考虑到黏度取值方法的差异和我国的有关试验结果,本指南推荐的黏度范围为1.0~4.0Pa·s。对于超载或重载交通严重的路段,混合料使用的橡胶沥青黏度应不小于2.0 Pa·s。当黏度大于4.0 Pa·s时,如果施工机械能够满足要求时,也可以使用。

附表3-12为大量橡胶沥青针入度试验的结果汇总。从试验看出,沥青中加入橡胶粉后针入度产生了不同程度的变化,总体上有所下降。90号沥青加入20%橡胶粉针入度由73降低为69(平均值),变异系数为12.7%;70号沥青加入20%橡胶粉针入度由60降低为47(平均值),变异系数为12.7%。考虑±1倍的标准差,90号橡胶沥青的针入度为60~77,70号橡胶沥青的针入度为41~53。由此可见,沥青中加入橡胶粉后针入度降低了一个等级,相当于由90号变为70号,70号变为50号沥青。则橡胶沥青的针入度根据基质沥青的不同可定为60~80(90号沥青),40~60(70号沥青)。

附表3-12　不同橡胶沥青的25℃针入度汇总表

胎源	橡胶沥青品种	针入度	橡胶沥青品种	针入度	橡胶沥青品种		针入度
90号基质沥青		73	70号基质沥青	60	子午胎 90号+5%	40目	44
90号+21%38目脱硫胶粉		60	70号+20%80目橡胶粉(1)	43		80目	69
斜交胎	90号+21%80目	70	70号+20%80目橡胶粉(2)	41		120目	49
	90号+20%80目	60	70号+20%80目橡胶粉(3)	43	斜交胎 90号+5%	40目	61
	90号+20%40目	60	70号+20%80目橡胶粉(4)	51		80目	65
子午胎	90号+20%40目	84	70号+20%80目橡胶粉(5)	51		120目	62
	90号+20%80目	68	70号+20%80目(170℃)	48	子午胎 90号+10%	40目	74
	90号+20%120目	67	70号+20%80目(180℃)	40		80目	66
斜交胎	90号+20%40目	79	70号+20%80目(200℃)	43		120目	62
	90号+20%80目	77	70号+20%80目(220℃)	56	斜交胎 90号+10%	40目	67
	90号+20%120目	62	70号+20%80目(240℃)	56		80目	47
	—	—	—			120目	45
最大值		84	平均值	56	—	—	—
最小值		60	最大值	40	—	—	—
平均值		69	最小值	47	—	—	—
变异系数(%)		12.7	变异系数(%)	12.7	—	—	—

注:表中70号和90号表示基质沥青的标号,70号基质沥青下的橡胶粉都为斜交胎橡胶粉。(1)~(5)表示是采用同样的基质沥青,掺加橡胶粉和不同品种添加剂的橡胶沥青;(170℃)~(240℃)表示的是不同加工温度下的橡胶沥青。

附表 3-13 为几种不同橡胶沥青软化点的试验结果汇总。从表中数据看，随着橡胶粉的掺加，橡胶沥青的软化点均有不同程度的提高。对于基质沥青为 90 号，掺加 20% 的橡胶粉后，软化点由 43 提高到 51（平均值），变异系数为 9.6%；对于基质沥青为 70 号，掺加 20% 的橡胶粉后，软化点由 48 提高到 59（平均值），变异系数为 4.4%；综合提高 8～11℃。

附表 3-13　不同橡胶沥青的软化点汇总表

胎源	橡胶沥青品种	软化点	橡胶沥青品种	软化点	橡胶沥青品种		软化点
90 号		43	70 号	48	子午胎 90 号 + 5%	40 目	51
90 号 + 21%38 目脱硫胶粉		54	70 号 + 20%80 目橡胶粉(1)	62		80 目	46
斜交胎	90 号 + 21%80 目	53	70 号 + 20%80 目橡胶粉(2)	63		120 目	49
	90 号 + 20%80 目	60	70 号 + 20%80 目橡胶粉(3)	61	斜交胎 90 号 + 5%	40 目	47
	90 号 + 20%40 目	60	70 号 + 20%80 目橡胶粉(4)	58		80 目	46
子午胎	90 号 + 20%40 目	46	70 号 + 20%80 目橡胶粉(5)	57		120 目	48
	90 号 + 20%80 目	49	70 号 + 20%(170℃)	57	子午胎 90 号 + 10%	40 目	45
	90 号 + 20%120 目	49	70 号 + 20%180℃	59		80 目	47
斜交胎	90 号 + 20%40 目	49	70 号 + 20%200℃	61		120 目	48
	90 号 + 20%80 目	48	70 号 + 20%220℃	57	斜交胎 90 号 + 10%	40 目	48
	90 号 + 20%120 目	49	70 号 + 20%240℃	55		80 目	51
平均值		51	平均值	59		120 目	51
最大值		60	平均值	63	—	—	—
最小值		46	最小值	55	—	—	—
变异系数(%)		9.6	变异系数(%)	4.4	—	—	—

按照基质沥青的不同，考虑 1 倍的标准差的保证率，90 号基质沥青生产的橡胶沥青的软化点不小于 47℃；70 号基质沥青生产的橡胶沥青的软化点不小于 56℃。

附表 3-14 为一系列橡胶沥青弹性恢复的试验结果。试验数据表明随着橡胶粉掺量的增加，橡胶沥青的弹性恢复显著增加，从 10%～20% 提高到 60%～70%。与针入度、软化点不同的是，橡胶沥青的弹性恢复与基质沥青的标号关系不大。基质沥青为 90 号和 70 号时，在相同橡胶掺量时，其弹性恢复基本相当，见附图 3-3。

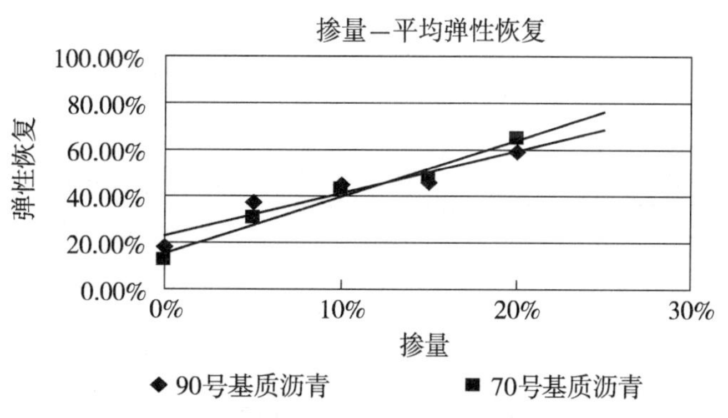

附图 3-3　不同橡胶粉掺量对橡胶沥青弹性恢复的影响

附表 3-14　不同橡胶沥青的弹性恢复汇总表

橡胶沥青类型		0%	5%	10%	15%	20%	25%
90 号基质沥青子午胎	40 目	18.43%	—	38.00%	—	52.50%	—
	80 目	—	25.80%	39.00%	—	61.30%	—
	120 目	—	36.20%	42.60%	—	54.30%	—
90 号基质沥青斜交胎	40 目	18.43%	43.70%	50.40%	—	62.70%	—
	80 目	—	38.80%	59.60%	—	61.20%	—
	120 目	—	35.00%	56.70%	—	60.90%	—
90 号 + 40 目斜交胎		—	—	35.33%	45.00%	54.67%	—
90 号 + 21%40 目脱硫橡胶粉		20.67%	—	—	—	68.00%	—
90 号 + 21%80 目橡胶粉		—	—	—	—	65.33%	—
90 号 + 21%120 目橡胶粉		18.53%	40.93%	38.17%	47.37%	56.93%	71.47%
90 号基质沥青平均弹性恢复		19.02%	36.74%	44.98%	46.18%	59.78%	71.47%
70 号基质沥青 40 目斜交胎	30min	—	—	—	—	66.38%	—
	45min	—	—	—	—	69.72%	—
	1h	—	—	—	—	69.30%	—
	1.5h	—	—	—	—	68.18%	—
70 号基质沥青 80 目橡胶粉		17.0%	30.25%	42.50%	36.00%	—	—
70 号基质沥青 80 目橡胶粉		—	—	—	67.60%	—	—
70 号 + 橡胶粉		7.50%	30.00%	—	40.30%	50.30%	60.00%
70 号基质沥青平均弹性恢复		12.25%	30.13%	42.50%	47.97%	64.78%	60.00%
总平均值		16.76%	35.09%	44.70%	47.25%	61.45%	65.73%
最大值		20.67%	43.70%	59.60%	67.60%	69.72%	71.47%
最小值		7.50%	25.80%	35.33%	36.00%	50.30%	60.00%

按照工程常用不小于 20% 橡胶粉掺量的标准，橡胶沥青的弹性恢复平均值为 61.5%，标准差为 6.4%，考虑 1 倍标准差的保证率，本指南要求的弹性恢复不小于 55%。

附表 3-15 为一组橡胶沥青延度试验的结果，其中有 40 目、80 目、120 目不同目数、不同掺量、不同胶源的试验数据。从试验结果看，不同目数对延度的影响不大，影响延度大小的主要因素是橡胶粉的掺量，掺量越高，橡胶沥青的延度越大。附表 3-16 为采用测力延度仪测定的 5℃延度的试验结果。其基本规律相同，同时也发现，90 号基质沥青的橡胶沥青延度大于 70 号的基质沥青。结合北京地区的气候特点，本指南推荐采用的延度标准为 5℃延度不小于 10cm。

附表 3-15　两种类型橡胶沥青的 5℃延度试验结果

延度(cm)	0%	子午胎			斜交胎		
		5%	10%	20%	5%	10%	20%
40 目	7.00		9.93	24.67	9.33	13.77	19.00
80 目	7.00	10.43	10.93	19.50	7.83	8.75	20.67
120 目	7.00	5.50	11.17	21.50	7.40	9.75	15.83

附表 3-16　不同橡胶沥青的测力延度(5℃)汇总表

沥青品种	橡胶粉掺量	延度(mm)
90 号 + 80 目	15%	112
90 号 + 40 目	15%	79
90 号 + 40 目	15%	108
平均		**94**
90 号 + 40 目	90 + 17%	103
90 号 + 40 目	90 + 19%	137
90 号 + 40 目	90 + 21%	134
90 号 + 40 目	20%	76
90 号 + 40 目	20%	133
平均		**105**
90 号 + 80 目	20%	129
90 号 + 80 目	20%	144
90 号 + 80 目	20%	175
平均		**149**
70 号 + 80 目	20%	109
90 号 + 80 目	25%	161
90 号 + 80 目	25%	165
平均		**163**

附表 3-17 为一系列橡胶沥青薄膜烘箱老化试验的试验汇总表。其中包括基质沥青为 70 号和 90 号的橡胶沥青,也包括北京、天津、河南等地生产的橡胶沥青,也有不同加工温度生产的橡胶沥青。表中的延度为 5℃延度,单位为 mm。

从表中试验数据看,薄膜烘箱老化后橡胶沥青的质量损失平均为 0.21%,变异系数为 77%;针入度比为 87%,变异系数为 7.2%;软化点比为 106%,变异系数为 3.4%;延度比为 64.3%,变异系数为 31.9%。从这些老化指标看,橡胶沥青的抗老化性十分优越,远远高于现行有关规范中 SBS 改性沥青的指标。根据现有数据考虑 1 倍标准差的保证率,橡胶沥青老化后指标为:质量损失 0.4%,针入度比 80%,软化点比 110%;延度比 40%。

附表 3-17　橡胶沥青老化前后的指标比较

沥青品种	老化前			老化后				老化后/老化前		
	针入度	软化点	延度	质量损失	针入度	软化点	延度	针入度	软化点	延度
70 号 + 20% *	43	61	95	0.23%	32	68	37	74.42%	111.81%	38.42%
70 号 + 20%	43	62	73	0.11%	40	65	38	91.91%	105.24%	51.37%
70 号 + 20% + 1%A	41	63	97	0.11%	39	70	52	95.93%	111.27%	53.26%
70 号 + 20% + 1%A + 1%B	51	58	95	0.15%	46	59	78	90.59%	101.73%	81.82%
70 号 + 20% + 1%A + 2%B	51	57	94	0.42%	40	62	89	77.45%	108.14%	95.37%

附表 3-17(续)

沥青品种		老化前			老化后				老化后/老化前		
		针入度	软化点	延度	质量损失	针入度	软化点	延度	针入度	软化点	延度
天津橡胶沥青		57	53	174	0.60%	50	58	118	86.84%	109.35%	68.20%
90 号 + 20%(北京试验路)		60	58	111	0.47%	54	62	74	89.82%	106.77%	67.17%
北京橡胶沥青		64	54	157	0.20%	56	57	145	86.38%	106.44%	92.14%
河南橡胶沥青		68	55	133	0.13%	56	58	99	81.99%	104.45%	74.25%
不同加工温度	170℃	48	57	78	0.18%	40	61	18	84.74%	106.44%	23.50%
	180℃	40	59	62	0.07%	38	61	40	95.80%	103.39%	64.52%
	200℃	43	61	105	0.11%	39	60	77	90.06%	98.36%	73.65%
	220℃	56	57	102	0.14%	50	59	—	88.39%	104.50%	—
	240℃	56	55	164	0.06%	46	58	85	82.96%	105.48%	51.72%
平均		—	—	—	0.21%	—	—	—	86.96%	106.22%	64.83%

注:1.70 号 + 20% * 和 70 号 + 20% 为两种不同油源的 70 号基质沥青加工成的橡胶沥青。

2.A、B 为两种不同的添加剂品种。

3.2.6 橡胶沥青一般不需要掺加额外的添加剂,但是为了改善橡胶沥青中的某些技术指标,或者更广泛地使用橡胶粉,根据工程需要可以掺加一定比例的添加剂。添加剂广义上分为以下几类:

(1)轻质油分;

(2)聚合物改性剂,如 SBS、PE;

(3)针对子午胎的天然胶含量低,增添一定比例的天然胶;

(4)橡胶粉改型的添加剂。

橡胶沥青在使用过程中,在高温环境下,橡胶粉与沥青还会产生一定程度的反应,主要表现在橡胶粉对沥青中轻质油分的吸收,这可能导致沥青过早老化。为了避免这种现象的产生,可以在橡胶沥青的加工过程中掺加少量的芳香烃材料,国外有资料表明,掺加量一般为 1% ~ 2%。

3.4.1 将细集料分为两档的目的是为了便于混合料形成间断级配,这对于细粒式混合料尤为重要。橡胶(粉)沥青混合料的级配采用断级配,间断点一般为粗、细集料的分界点,即 4.75mm。将 4.75mm 以下的细集料分为 2.36 ~ 4.75mm 和 2.36mm 以下两档,这样在掺配混合料级配时,可有效控制 2.36 ~ 4.75mm 之间的含量,最终达到密实性良好的断级配骨架结构。

一般来说,2.36 ~ 4.75mm 之间的含量越少,混合料的密实性越好。

3.6.3 一般沥青混合料由粗集料、细集料、填料和沥青胶结料 4 种材料组成,每种材料的百分含量之和为 100%,即:

$$P_{ca} + P_{fa} + P_{fi} + P_{B} = 100\% \tag{3-1}$$

同时,根据沥青混合料的骨架原理:沥青混合料由粗集料形成骨架,细集料和填料以及沥青胶结料填充粗集料骨架中的空隙,且不将骨架撑开,形成具有一定空隙水平的混合料。基本的关系式为:

$$\left(\frac{P_{ca}}{GCA_{DRC}}\right) \times (VCA_{DRC} - V_a) = \frac{P_{fa}}{G_{b,fa}} + \frac{P_{fi}}{G_{b,fi}} + \frac{P_B}{G_B} \tag{3-2}$$

$$VCA_{DRC} = \left(1 - \frac{GCA_{DRC}}{G_{b,ca}}\right) \tag{3-3}$$

式中:P_{ca}——沥青混合料中粗集料的含量百分率,%;

P_{fa}——沥青混合料中细集料的含量百分率,%;

P_{fi}——沥青混合料中小于 0.075mm 填料的含量百分率,%;

VCA_{DRC}——干捣实粗集料的空隙率,%;

V_a——沥青混合料设计空隙率,%;

GCA_{DRC}——粗集料的干捣实密度,g/cm^3;

$G_{b,ca}$——粗集料的毛体积密度,g/cm^3;

$G_{b,fa}$——细集料的毛体积密度,g/cm^3;

$G_{b,fi}$——填料的视密度,g/cm^3;

G_B——沥青的密度,g/cm^3;

P_B——沥青混合料中沥青胶结料含量的百分比,%。

式(3-1)和式(3-2)为混合料骨架嵌挤结构形成的基本方程。其中有两个技术问题:一是粗集料捣实的空隙率 VCA_{DRC}的确定,二是混合料 4 个组成部分的比例 P_{ca}、P_{fa}、P_{fi}、P_B。经试验确定,粗集料捣实的空隙率 VCA_{DRC}采用橡胶锤捣实试验获得。

对于混合料 4 个组成部分的确定问题,由于式(3-1)、式(3-2)联立,有 4 个未知数,理论上不可能有唯一解。因此,在实际工程中使用时,还需要结合马歇尔击实试验等相关的试验手段进行验证。这两个公式只是保证混合料的配比形成骨架、密实结构的必要条件。

3.6.4 干拌法混合料一般用于中下面层,以提高结构层的高温稳定性,同时考虑到密实防水的要求,混合料的级配相应比较细,4.75mm 的通过率一般为 35%左右。

混合料的级配由两根曲线组合而成,曲线的结合点为 4.75mm(即:间断点位于 4.75mm),通过试验的比选,混合料的曲线选择幂曲线形式,即:

$$y = ax^b \tag{3-4}$$

式中:a、b——回归系数;

y——通过率,%;

x——孔径,mm。

由此,对于 4.75mm 以上的粗集料曲线,可以根据混合料最大公称粒径的通过率(一般为 95%)和 4.75mm 的通过率(一般为 30%或 35%),求解出 a、b 参数,得到整个级配曲线,进而算出 4.75mm 到最大公称粒径之间所有粒径的通过率。

同样，对于4.75mm以下的细集料曲线也可利用类似的方法得到。

根据以上介绍，得到10型至30型等不同粒径大小的混合料断级配的初步曲线。设定间断点为4.75mm，4.75mm的通过率设定为30%，最大公称粒径的通过率为95%，0.075mm的通过率根据最大粒径的大小而确定，最大公称粒径越大，0.075mm的通过率越小，见附表3-18。

附表3-18 几种混合料关键控制筛孔的通过率

级配类型	通过下列筛孔(mm)的质量百分率(%)							
	31.5	26.5	19	16	13.2	9.5	4.75	0.075
30型	95	—	—	—	—	—	30	5
25型		95	—	—	—	—	30	5
20型			95	—	—	—	30	6
16型				95	—	—	30	6
13型					95	—	30	7
10型						95	30	8

根据幂曲线模型，分别得到了粗、细集料的曲线模型参数 A、B，见附表3-19。根据这个曲线模型参数，可以得到相应的级配曲线，见附表3-20。

附表3-19 几种混合料间断级配幂曲线模型的回归系数

级配类型	粗集料		细集料	
	A	B	A	B
30型	11.61	0.609 3	15.305	0.431 9
25型	10.553	0.670 6	15.305	0.431 9
20型	8.212 3	0.831 5	16.39	0.388
16型	6.836 6	0.949 1	15.305	0.431 9
13型	5.175 5	1.127 8	17.367	0.350 8
10型	2.248	1.663	18.261	0.318 6

附表3-20 几种混合料按照幂曲线模型得到的断级配曲线

级配类型	通过下列筛孔(mm)的质量百分率(%)												
	31.5	26.5	19	16	13.2	9.5	4.75	2.36	1.18	0.6	0.3	0.15	0.075
30型	95.0	85.5	69.8	62.9	55.9	45.8	30.0	22.2	16.4	12.3	9.1	6.7	5.0
25型	100	95.0	76.0	67.7	59.5	47.8	30.0	22.2	16.4	12.3	9.1	6.7	5.0
20型		100	95.0	82.4	70.2	53.4	30.0	22.9	17.5	13.4	10.3	7.9	6.0
16型			100	95.0	79.1	57.9	30.0	22.9	17.5	13.4	10.3	7.9	6.0
13型				100	95.0	65.6	30.0	23.5	18.4	14.5	11.4	8.9	7.0
10型					100	95.0	30.0	24.0	19.2	15.5	12.4	10.0	8.0

3.6.5 湿拌法混合料抗老化、抗裂的性能比较好，且具有较明显的降低行车噪声的效

果，因此，一般用于上面层，作为抗滑表层材料使用。当采用细粒式密实型混合料时，在满足水稳定性技术要求的前提下，混合料的级配应比干法的级配略粗，4.75mm 的通过率由 35%左右降低到 30%左右。

考虑到北京冬季比较寒冷，沥青混凝土存在冻胀现象，且春天风沙较大，开级配混合料的使用应根据交通量和道路条件慎重选用。

4 配合比设计

4.2.2 下式为橡胶(粉)沥青混合料矿料间隙率的计算公式:

$$\mathrm{VMA} = 1 - \frac{G_m}{G_{m,s}} \times \frac{100}{100 + \omega_0} \tag{4-1}$$

式中:VMA——混合料的矿料间隙率,%;

G_m——混合料的实际密度,g/cm^3;

$G_{m,s}$——混合料中全部矿料的毛体积密度,g/cm^3;

ω_0——混合料中的油石比,%。

对于湿拌法,式中的油石比按照实际胶结料比例代入;对于干拌法,式中油石比则不仅是沥青的油石比,而且应将橡胶粉的掺量计入:

$$\omega_0 = \omega'_0 \times (1 + \alpha) \tag{4-2}$$

式中:ω'_0——沥青混合料中的油石化,%;

α——橡胶粉的掺量,%。

即使是干拌法工艺,橡胶粉在沥青混合料中的作用也是多方面的,不宜单纯作为矿料的填料看待,且本身的强度远远低于石质矿料,不会在混合料中形成强有力的骨架结构,因此在计算混合料矿料间隙率时宜看做胶结料,这样也与湿拌法的计算方法统一。

同样,橡胶(粉)沥青混合料的饱和度 VFA 的计算公式为:

$$\mathrm{VFA} = \frac{\mathrm{VMA} - V_a}{\mathrm{VMA}} \times 100\% \tag{4-3}$$

试件蜡封时,蜡的融化温度宜控制在 70℃,采用两次蜡封。当第一次蜡封后,用毛笔蘸着蜡将未封住的试件孔隙刷补,然后再第二次蜡封。融蜡温度过高将会导致蜡进入混合料的空隙中,空隙率测量结果偏小,因此,控制蜡的温度对蜡封法测量结果的准确性至关重要。

当用计算法确定混合料的理论密度时,可由下式计算:

$$G_{mm} = a \times G_{a,m} + b \times G_{b,m} \tag{4-4}$$

式中:G_{mm}——混合料的最大理论密度,g/cm^3;

$G_{a,m}$——混合料的表观密度,g/cm^3;

$G_{b,m}$——混合料的毛体积密度,g/cm^3;

a、b——加权系数,且 $a + b = 1$。

理论密度计算的准确关键在于 a、b 系数的取值。

不同石料的吸油性不同,因此 a、b 系数也不同;对于同一种石料,由于级配的变化,粗细集料的比例不同，也会导致 a、b 系数的变化。

根据用抽真空方法测定的混合料最大理论密度和用计算法测定的最大理论密度相互比较，计算两者的相对误差 δ，确定合理的 a、b 系数，并探讨其变化规律。

$$\delta = \frac{1}{n}\left(\sqrt{\sum_{i=1}^{n}(G_{mm,i} - G_{mm,i}^{0})^2}\right) \tag{4-5}$$

式中：$G_{mm,i}$——第 i 个油石比下，用计算法得到的混合料最大理论密度，g/cm^3；

$G_{mm,i}^{0}$——第 i 个油石比下，用抽真空法得到的混合料最大理论密度，g/cm^3；

n——油石比的个数。

附图 4-1 为同一种石料，采用 3 种不同的级配得到的最大理论密度的误差曲线，误差最小时，就是最佳的 a、b 比例。由图看出，由于 3 个级配不同，a、b 比例也不同。

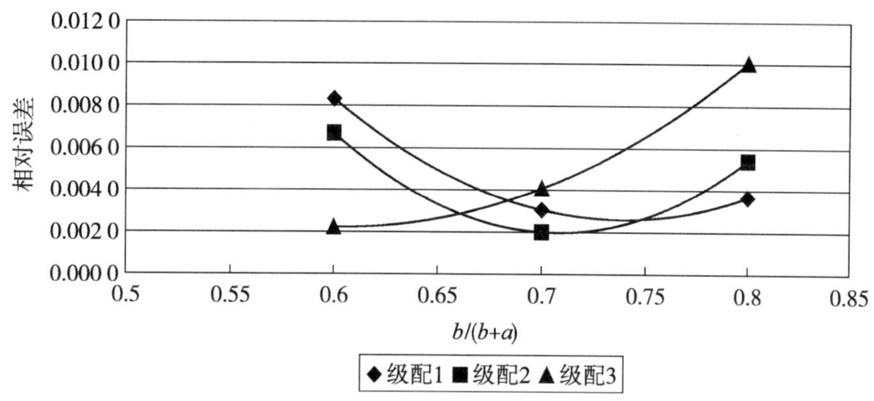

附图 4-1　3 种级配混合料最大理论密度的误差曲线

4.2.3　根据北京地区的交通荷载水平，将其划分为 4 个等级，见附表 4-1。该表用于橡胶(粉)沥青混合料高温性能技术要求的等级划分。

当用于纵坡大于 3% 的山区公路或红绿灯路口较多和公交车站较多的城市干道时，交通等级提高 1～2 级。

附表 4-1　交通荷载等级分级说明

交 通 等 级	级　　别	累计轴载作用次数(万次)
轻交通	I	<800
中交通	II	800～2 000
重交通	III	2 000～4 000
超重交通	IV	>4 000

混合料高温性能采用车辙试验方法评价，按现场压实度水平成型试件。

混合料的高温指标采用动稳定度和相对变形双重的控制指标，目的是强化对混合料高温性能的控制。两个指标均采用车辙试验获得，相对变形指标是车辙试验结束后，试件的最终变形深度与试件高度的比值。试件的最终变形深度为试件 60min 时的变形深度与 1min 变形深度的差。

将 32 组橡胶(粉)沥青混合料车辙试验得到的混合料动稳定度和相对变形数值进行相关性分析,见附图 4-2。采用幂函数模型进行模拟回归,得到相关系数为 0.741 3,说明两个指标的相关性并不理想。

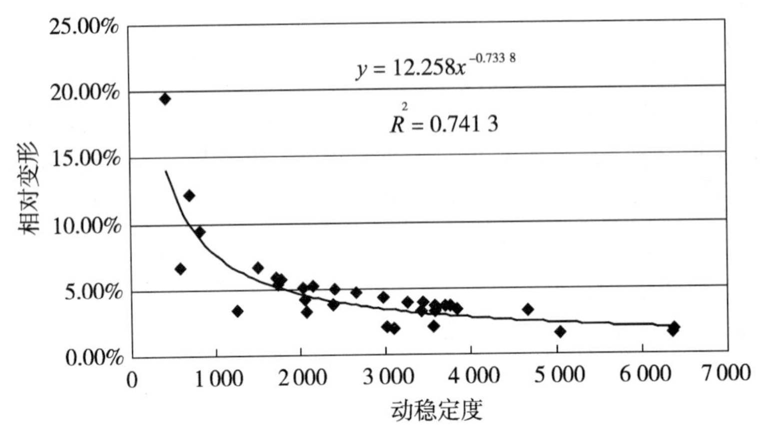

附图 4-2　沥青混合料动稳定度与相对变形的散点图

由于现行相关规范中混合料的高温稳定性指标采用动稳定度指标,为了将其转化为相对变形的指标,沿用该回归关系式,计算出不同动稳定度水平下的相对变形水平(见附表 4-2)。表中的数据可以作为混合料高温性能相对变形的控制指标。

附表 4-2　动稳定度与相对变形的对比表

动稳定度	1 000	1 500	2 000	2 500	3 000	3 500	4 000	5 000
相对变形	7.7%	5.7%	4.6%	3.9%	3.4%	3.1%	2.8%	2.4%

建议混合料的冻融劈裂试验按照混合料现场压实度水平采用静压法成型,此时的冻融劈裂的强度比值不小于 65%。

混合料低温弯曲试验的试件应按照混合料现场压实度水平成型。

混合料的线膨胀量是针对橡胶(粉)沥青混合料易于回弹的特性而制定的。当膨胀量大于 1%时,说明混合料不易碾压成型,需要调整混合料的级配或橡胶粉的粒径及掺量。

混合料的线膨胀量是马歇尔击实试验后立即测量试件的高度,然后待试件冷却、脱模后,再次测量试件的高度,两者的差与试件高度的比值。

4.2.4 橡胶(粉)沥青混合料的配合比设计的含义不仅仅是室内试验,也包括拌和场机械设备的调整,确定相关的拌和施工参数,并最终通过试验路段进行验证,得到混合料的拌和、运输、摊铺、碾压等一系列的工艺参数和工艺要求,以指导正常的施工。

对于混合料理论配合比设计试验,宜按照附图 4-3 的流程进行。

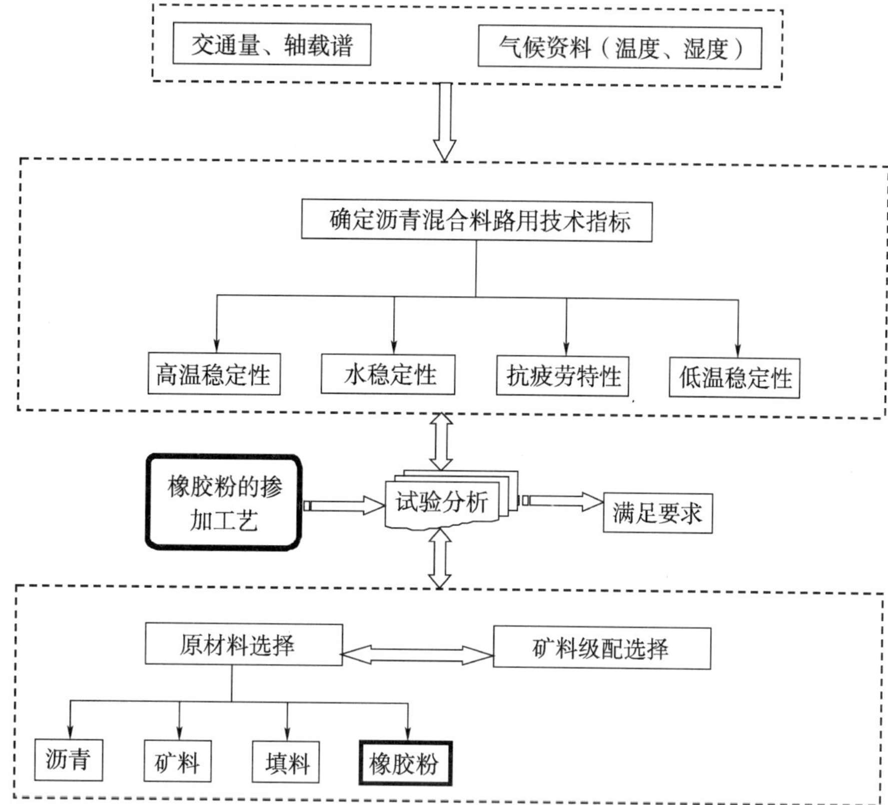

附图 4-3　混合料理论配合比设计流程图

5 施工工艺技术要求

5.3 橡胶沥青防水黏结层的铺筑

橡胶沥青是一种性能优异的作为沥青路面结构层之间的防水黏结材料。在国际上被广泛应用。结合相关工程和大量的试验路经验，总结出橡胶沥青防水黏结层的施工工艺要求。

原材料的准备，包括橡胶沥青和碎石的准备。洒铺用橡胶沥青宜采用较粗的橡胶粉，如：30~40目。为了保证橡胶沥青品质的稳定，一般当天加工，当天洒铺，橡胶沥青从加工到洒铺一般不宜超过24h。

加工橡胶沥青的基质沥青宜采用针入度不大于90的90号沥青或70号沥青，橡胶粉的掺量一般为20%~25%（外掺）。

撒布用的碎石采用单一粒径的石灰岩石料，超出粒径范围的碎石含量应小于10%。石料应保持干燥、清洁，必要时可经过拌和楼筛分、除尘、加热。当施工温度低于20℃时，碎石应该预热。

当在基层顶面撒布时，石料的粒径宜为16~19mm，当在上面层下面撒布时，石料粒径宜为上面层厚度的1/3~1/2。碎石的撒布量一般为满铺的60%~70%。

施工机械的准备。应具备可加热、保温、搅拌的沥青洒铺车，洒铺剂量通过计算机控制，确保洒铺的均匀性。碎石撒布应采用专用的碎石撒布车，当大规模施工时，一台沥青洒铺车配备两台碎石撒布车。同时应配备1~2台重型的胶轮压路机，并配备相应的施工人员。

施工现场的准备。在橡胶沥青防水黏结层施工前，应对下承层进行严格认真的清扫，达到干净、干燥、无浮尘、无松动的要求。

附图5-1为防水黏结层施工的基本工艺流程。其中试洒工艺相当于一般沥青路面施工的试验路段。通过试洒确定一些关键的施工参数，为正式施工做好必要的准备。如：每平方米碎石撒布的方量或公斤数、施工机械的有效组合、橡胶沥青洒铺的合理温度、洒铺设备的机械参数等。

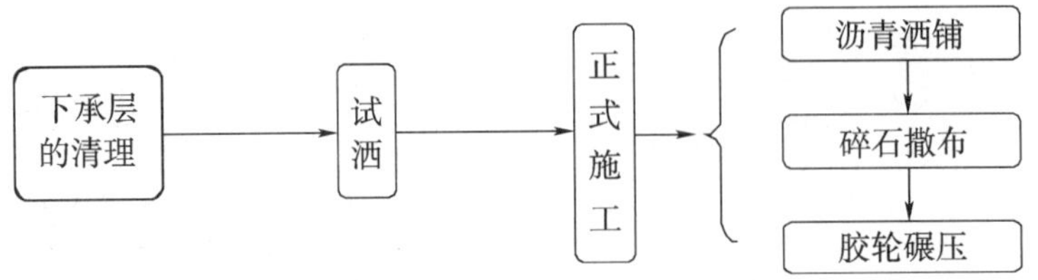

附图5-1 橡胶沥青防水黏结层施工工艺流程

为了保证橡胶沥青防水黏结层的施工质量，除严格按照以上要求进行施工外，还有些需要注意的关键工艺，主要有：

(1)在整个施工过程中，时刻监控橡胶沥青的黏度变化，保证橡胶沥青的质量稳定。

(2)橡胶沥青洒铺时应注意接缝位置的控制，避免重叠，导致沥青洒铺量过多，造成泛油。

(3)橡胶沥青的洒铺温度一般为180℃，由于黏度提高，根据工程情况，橡胶沥青的洒铺温度可适当提高。

(4)撒布的碎石应均匀，不能重叠或漏撒，必要时需要人工进行整理。

(5)沥青洒铺后，为了保证碎石与沥青的有效黏结，应及时撒布碎石。

(6)橡胶沥青防水黏结层施工结束后应尽快安排沥青混凝土的摊铺施工，一般不宜超过24h，其间应注意保护该层，可采用临时封闭交通的措施，避免二次污染或破坏。

5.4 橡胶(粉)沥青混合料的拌和

橡胶(粉)沥青混合料的拌和分为干拌工艺和湿拌工艺两类。

对于干拌法施工有两个主要的关键环节不同于一般的沥青混凝土。一是橡胶粉添加的准确，二是拌和温度和拌和时间。

在实际工程中，干拌法橡胶粉的添加方式主要有两种，一是在拌和前，生产单位根据拌和楼每盘料的质量，按照橡胶粉的添加比例，事先将橡胶粉分装成袋，然后由工人在混合料拌和过程中从拌和楼的观察孔投放到拌和缸中搅拌(见附图5-2)。这种方法控制剂量比较准确，对于小规模的试验路工程来说，不失为一种简便、可靠的添加方式。另一种添加方式是采用螺旋推进器的方式。按照设定的添加量，确定螺旋推进器的转速，在混合料拌和过程中连续添加橡胶粉(见附图5-3)。第二种方式比第一种方式应该是一个进步，它大大降低了工人的劳动强度，确保生产施工的安全，适合于大规模生产施工使用。同时也应看到，对于第二种添加方式，由于目前的添加橡胶粉的控制是相对独立于拌和楼控制系统的装置，因此在拌和楼生产过程中无法根据拌和楼的情况及时调控添加设备(主要指添加剂量的变化)，结果经常会发生橡胶粉添加不及时或添加过量的现象(这可以直接从生产出的混合料光泽度看出)，导致生产出的混合料拌和不均匀。

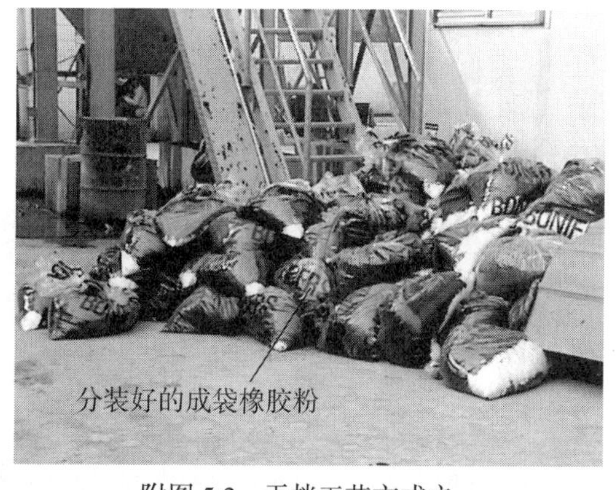

附图5-2 干拌工艺方式之一

附图5-3 干拌工艺方式之二

干拌工艺中橡胶粉是在常温条件下加入拌和锅中，且橡胶粉的密度小、体积大、吸热能力强，为了保证混合料的高温拌和效果，需要提高石料的加热温度。干拌工艺的石料加热温度比一般改性沥青混合料提高10℃左右，一般为190~200℃。此外，应适当延长拌和时间，特别是橡胶粉与石料的干拌时间，使得橡胶粉充分分散到石料中，再与沥青拌和。干拌时间一般为20s。

湿拌法橡胶沥青混合料的生产过程中有两个关键参数：一是温度，二是时间。其中温度主要指：橡胶沥青的加工温度、存储温度、混合料的拌和温度；时间主要指：橡胶沥青的加工时间、存储时间、混合料的拌和时间。

橡胶沥青的生产一般采用专用设备，属于连续生产型，该设备通常由搅拌罐与反应罐组成，在搅拌罐中，胶粉、沥青及外掺剂按比例混合，经高速搅拌后输送到反应罐，再经反应罐的45~60min发育得到最终产品。在澳大利亚，小的工程也容许使用小型、非连续型简单搅拌设备。在橡胶沥青的生产工艺中，搅拌速度、反应时间及温度等因素影响橡胶沥青品质。其中，反应温度极其重要。

在南非，橡胶沥青的混合及反应温度为180~210℃，反应时间1~4h。澳大利亚规定反应温度不低于180℃，反应时间最低1h，剪切或搅拌保证胶粉处于悬浮状态。California规定，基质沥青加热温度204~226℃，反应温度190~218℃，反应至少45min。Texas要求基质沥青加热到175~215℃，反应温度不低于163℃，反应至少30min。Arizona基质沥青加热到177~204℃，反应温度163~191℃，反应时间1min。在Florida，根据胶粉添加剂量不同，添加剂量越小越采用细胶粉，其反应温度、反应时间也相应减少。

根据我国橡胶粉的情况和使用基质沥青的品质，本指南提出橡胶沥青的加工条件为：将基质沥青温度加热到180~190℃，当橡胶粉掺量较大时，加工温度可适当提高，但不宜高于210℃。加入规定的橡胶粉，在180℃的条件下反应45~60min。

橡胶沥青的生产一般采用现场加工方法，当由于客观因素（如下雨、拌和机故障），不能及时使用时，就涉及橡胶沥青的储存问题。美国各州对储存温度及时间、容许再加热次数、再加热的措施等有较为详细的规定。

California规定在加工完成后4h内使用，当温度低于190℃时，需要再次升温，容许两次加热循环。要求再次升温后的橡胶沥青满足所有指标，如不满足，需要加入少量胶粉（10%），再次反应45min。

Arizona要求在混合料生产过程中，橡胶沥青的温度应始终保持在163~191℃。不容许在这一温度下保持10h，如超过10h应冷却到163℃以下，使用前，再升温，并只容许一次循环。不容许在121℃以上保持4d。

Texas要求橡胶沥青在177℃以上储存不应超过8h。如超过8h，在使用前应检测黏度是否满足要求。

Florida不容许在175℃以上保存6h。

南非规定，橡胶沥青在加工完成后，使用前要储存4h，对于添加延展油的储存温度在160℃以上，未添加延展油的储存温度190℃以上。

根据我国的工程经验，橡胶沥青原则上应在24h内使用完毕。当由于不可抗力，确需临时存储时，应将橡胶沥青的温度降到 145 ~ 155℃范围内存储，存储时间一般不超过 3d。在存储期间应检测橡胶沥青的技术指标。当经过较长时间存储，再次使用前，应检测橡胶沥青的指标，不满足技术要求的不予使用。橡胶沥青的主要检测指标为黏度。

橡胶沥青混合料的拌和温度控制在：石料的加热温度 180 ~ 190℃，沥青的加热温度 175 ~ 180℃。当橡胶沥青黏度大于 2.5Pa·s 时，橡胶沥青的加热温度应提高 5 ~ 10℃。橡胶沥青混合料拌和时间不应低于 50s（包括湿拌和干拌时间）。

5.4.11 当气温较低，或刚开炉拌和时，为了保证出料温度，石料的加热温度可提高至 200 ~ 210℃。当生产几盘料后，根据出料温度情况再适当降低石料加热温度，但温度不得低于表 5.4.11 中的要求。

5.4.12 拌和时间的记录应区分干拌时间和湿拌时间。有些拌和楼无法区分两者，则可记录进料时间、喷油时间和拌和时间（该时间为湿拌时间）。

6 施工质量管理和验收

6.2.3 现场黏度检测可采用简易、便携式黏度计。在使用这种黏度计前应与实验室的旋转黏度计结果进行标定,得到回归曲线。同时在现场抽检试验过程中应配备保温设备,以便有效控制试验温度。